Life Following Jesus

인도자용

이웃을 사랑하는 삶

평신도 양육교재

예수를 따르는 삶

이웃을 사랑하는 삶

발행일 : 초판 1쇄 인쇄 2008년 3월 21일
　　　　　초판 2쇄 인쇄 2011년 11월 10일
　　　　　개정판 1쇄 인쇄 2014년 3월 14일
발행인 : 우순태
편집인 : 유윤종
책임편집 : 강신덕
기획/편집 : 전영욱, 강영아
디자인/일러스트 : 최동호, 권미경, 오인표
홍보/마케팅 : 강형규, 박지훈
행정지원 : 조미정, 신지현

펴낸곳 : 도서출판 사랑마루
　　　　　서울시 강남구 테헤란로 64길 17(대치동)
대표전화 : TEL (02) 3459-1051~2/ FAX (02) 3459-1070
홈페이지 : http://www.eholynet.org, http://www.ibcm.kr
등록 : 2011년 1월 17일 등록번호/ 제2011-000013호
갑은 뒷표지에 있습니다. 잘못된 책은 구입하신 곳에서 교환해 드립니다.
ISBN : 978-89-7591-309-9 04230

Contents

평신도 양육교재 **예수를 따르는 삶**

발간사   5

일러두기   6

2단원(사랑) 이웃을 사랑하는 삶

1과   비판하지 않는 사랑   10

2과   이웃을 돌아보는 사랑   24

3과   용서하는 사랑   40

4과   사랑으로 하나되는 교회   54

5과   사랑을 행함으로 온전케 되는 믿음   70

- 교육과정개발 : 남은경
- 교재집필 : 조기주 정현숙
- 교재개정 : 박향숙

평신도 양육교재
예수를 따르는 삶
Life Following Jesus

| 1권 | **1단원 (생명)** | 구원 받은 삶 |

| 2권 | **2단원 (사랑)** | 이웃을 사랑하는 삶 |

| 3권 | **3단원 (회복)** | 은혜로 회복된 삶 |

| 4권 | **4단원 (공의)** | 하나님의 의를 실천하는 삶 |

| 5권 | **5단원 (생명)** | 생명을 살리는 삶 |

| 6권 | **6단원 (사랑)** | 관계가 풍성한 삶 |

| 7권 | **7단원 (회복)** | 세상을 회복하는 삶 |

| 8권 | **8단원 (공의)** | 하나님의 나라를 이루는 삶 |

발간사

평신도는 단지 예배 참석자가 아닙니다. 평신도는 목회의 동역자입니다. 평신도가 예수님의 제자로 세움을 입어서 주님의 명령(마 28:18-20)대로 가르쳐 지키게 하는 사명을 감당해야 합니다. 평신도들이 사역의 주체가 될 때, 아름다운 주님의 교회가 세워지고 하나님의 나라가 확장될 것입니다.

교단창립 100주년 교육사업의 일환으로 성결교회 평신도 제자화 교육과정을 개발하고 4종류의 교재를 만들었습니다. 그것은 '새신자교재→세례교재→양육교재→사역교재' 입니다. 교회에 처음 나온 새신자도 반드시 사역자로 양성하겠다는 의지가 담겨있는 시리즈 교재입니다. 이 교재에 담겨있는 핵심 키워드는 '구원→믿음→생활→사역' 입니다.

성결교회의 모든 신자들은 하나님의 은혜로 구원받아 온전한 믿음을 가지고 삶이 변화되어 주님의 사역자로 세움을 입어야 합니다. 교회에서는 새신자들이 새신자교육과 세례교육을 언제든지 받아서 온전한 신앙을 형성할 수 있도록 도와야 합니다. 그리고 양육과 사역교재를 통하여 평신도 사역자를 키워야 합니다. 만약 신앙연수가 오래되었지만 신앙이 성숙치 못한 신자가 있다면, 양육교재와 사역교재를 통하여 건강한 사역자로 세움을 입을 수 있을 것입니다.

성결교회의 새로운 100년을 맞이하면서 목회현장에 실제적으로 도움이 될 교재가 개발된 것은 참으로 기쁘고 감사한 일입니다. 앞으로 평신도들이 주님의 몸 된 교회의 주체가 되고, 역사의 책임 있는 존재가 될 수 있도록 돕는 교재들이 지속적으로 개발될 것입니다. 아름다운 주님의 비전을 꿈꾸며 새 역사의 주인공이 됩시다.

기독교대한성결교회 총무 우순태 목사

일러두기

성숙한 신앙인으로 양육하기

　성숙한 신앙인은 세상 사람들의 눈으로 보기엔 불편하게 사는 사람일 것이다. '주님이 원하시는 삶은 어떤 것일까?' '주님은 이럴 때 어떤 결정을 내리실까?' '내가 진정한 주님의 제자라면 어떻게 행동해야 할까?' 라는 고민을 가지고 사물을 대하고 세상을 살아가기 때문이다. 하지만 궁극적으로는 세상에 대한 이러한 질문, 그리고 그 대답에 따라 불편하더라도 당당하게 살아나갈 때, 우리는 참다운 기쁨이 넘치는 삶을 살 수 있다는 것을 잘 알고 있다. 모든 성결교인들이 이러한 기쁨을 누리며 살기를 바란다. 이를 위하여 양육교재가 도움이 되기를 바라며, 몇 가지 사항을 일러두고자 한다.

　첫째, 본 교재는 성인 양육을 위한 교재이다. 여기에서 성인은 법적으로, 사회적으로, 경제적으로 자립할 수 있는 사람이며, 생물학적으로 아이를 가질 수 있는 육체적으로 성숙한 사람이며, 심리학적으로 청년기를 지나고 삶의 특별한 과정을 경험한 사람이며, 교육적으로 그가 속한 사회와 문화가 마련한 어느 정도의 학교 교육을 성취한 사람이다. 또한 신앙인으로서 자신의 생애를 통하여 삶의 스타일(life style)을 형성해 가는 존재이며, 영적으로 성장 발달해 가는 존재이다.

　둘째, 본 교재는 평신도를 위한 교재이다. 대부분의 내용은 일상생활에서 겪을 만한 상황이나 생각해 보아야 할 만한 주제와 내용을 담고 있다. 여기서 평신도의 의미는 단순히 교회의 구성원 중에서 평범한 사람을 의미하는 것이 아니라 교회의 대부분을 차지하는 구성원으로서 주님의 자녀이며, 제자이고, 교회를 교회되게 이끌어 가야하는 각 지체를 의미한다. 따라서 이 양육의 과정을 통하여 평신도는 더욱 성장하여 목회의 동역자로서 하나님께서 허락하신 사역의 한 부분을 감당할 수 있도록 성숙하여야 한다. 이 교재를 잘 마친다면 교회에서는 집사나 구역장 등의 역할을 맡겨도 될 정도의 훈련이 이루어질 것이다.

　셋째, 본 교재 교육과정의 내용 범위는 교단의 사중복음을 서울신학대학교 성결교회신학연구회가 이 시대의 언어로 표현한 '생명', '사랑', '회복', '공의'의 신학적 설명으로 한다. 그래서 이제까지 성결교회의 교육이 개인의 영혼 구원과 개인적 삶에 있어서의 성결에 집중하였다면, 이제는 사회의 보편 가치들에 대한 복음적 시각을 갖는 데까지 교육의 목표와 장(場)을 확대하고자 한다. 그래서 생활의 모든 영역에서 구체적인 문제와 사회적, 문화적, 윤리적, 정치적, 생태적 차원까지 다루고 있다.

넷째, 이 교재는 단순히 읽기용 책이나 답을 달기 위한 성경공부 교재가 아니라 모임의 참가자들이 함께 각 주제에 따라 고민하고, 결단하고, 실천하는 워크숍 교재에 가깝다. 따라서 참가자의 답 달기와 인도자의 답 해설에 의존하는 다소 구태의연한 성경공부 교재가 아니라 함께 목적을 위하여 삶을 연습해 가는 안내서이다. 이 교재를 바탕으로 서로 격려하고, 섬김을 베풀고, 감사를 표현하는 과정을 통해 더욱 풍성한 하나님의 은혜를 누리게 될 것이다.

이러한 본 교재를 가지고 모임을 인도하게 될 인도자는 비록 목회자이거나 지도자라고 할지라도 무엇인가 지식을 가르치려고만 노력하는 것은 바람직하지 않다. 물론 이 과정을 잘 인도하기 위해서 본 교재의 각 과가 이루고자 하는 목표와 그에 따르는 내용들에 대해서는 철저하고 꼼꼼하게 준비해야겠지만 자신이 깨달은 바를 참가자들도 스스로 깨달을 수 있도록 인도해야 한다. 뿐만 아니라 인도자와 학습자간의 나눔을 통해서 서로의 은혜가 더욱 풍성해 질 수 있도록 배려해야 한다.

이 교재를 통해 자신의 영적인 성숙을 기대하는 학습자들은 단순히 성경의 지식을 더 얻겠다는 정도의 생각으로 임하거나, 성경에서 답을 찾아 빈칸을 채우는 다소 수동적인 자세만을 보이는 것은 바람직하지 않다. 자신의 경험과 생각을 함께 나누고 인도자의 답을 기다리기 전에 먼저 고민하고 성경의 의미를 깨닫기 위해 노력해야 한다. 그리고 결국에는 이러한 모든 것들이 나의 일상생활에서도 실천될 수 있도록 노력하겠다는 다짐 속에서 생활에 임해야 한다.

본 양육교재는 모두 8권, 각 권당 5과 씩, 총 40개의 주제를 다룰 것이다. 적지 않은 양이기는 하지만, 신앙인들이 교회에서나 사회에서 부딪히게 될 모든 주제들이 다 다루어 진 것은 아니다. 하지만 이 40개의 주제를 다루며 배우고, 생각하고, 느끼고, 결단하고, 실천하는 과정을 통해서 한 단계 더 성숙된 신앙인으로 나아갈 수 있는데 도움이 되리라 생각한다.

본 교재를 바탕으로 한 평신도의 양육이 성공적으로 이루어져서 모든 성도들이 교회뿐만 아니라 가정과 사회에서 주체적 존재가 되며, 성결교회의 교인으로서, 또한 그리스도의 제자로서 확고한 정체성을 갖으며, 마침내 이 땅 위에서 하나님의 뜻대로 살아가고 하나님의 나라를 이루어 내는 하나님의 사람으로 거듭나게 되기를 바란다.

2단원(사랑)

이웃을 사랑하는 삶

단원 설명

　2단원은 '이웃을 사랑하는 삶'을 목적으로 구성되었다. 여기에서 '사랑'이란 기독교인이 회복해야 할 '성결'의 상태를 현대적인 언어로 표현한 것이다. 성결이란 '하나님의 형상을 회복하는 것'을 말하는 것으로 '성화', '기독자의 완전', '온전한 그리스도인', '성령세례' 등으로 표현되기도 한다. (성결교회 신학(상), 458) '성결'은 본래 일차적으로 하나님에게 사용되었던 단어인 동시에 하나님이 기독교인에게 요구하는 것이기도 하다. '내가 거룩하니 너희도 거룩하라'(레 11:45, 벧전 1:16).

　성결이란 거듭난 기독교인 안에 아직도 남아있는 죄성 또는 옛 본성이나 원죄에서 정결함을 얻는 소극적인 면과 사랑의 충만을 얻는 적극적인 면을 모두 말하는 것이다. 기독교인은 정결함과 사랑의 충만함을 통하여, 잃어버린 하나님의 형상을 온전하게 회복하게 된다. 회복된 기독교인은 하나님을 사랑하고 이웃을 사랑하는 삶을 살게 된다. 성결한 기독교인은 사랑의 힘으로 유혹을 이기고 죄를 짓지 않을 수 있으며 보다 적극적으로 말씀에 순종하여 사랑을 실천할 수 있게 된다. (성결교회 신학(상), 460, 461)

　'성결'은 그리스도로 말미암는 성령의 역사이기 때문에 '성령세례'라고도 한다. 즉 인간의 노력에 의한 도덕적 완전함이라기보다는 성령을 통해 얻는 하나님의 은혜의 사건이요, 이차적인 사건인 것이다. 따라서 기독교인은 개인적인 구원의 체험을 넘어서 이웃사랑으로 표현되는 성결의 은혜를 사모해야 한다. 하나님의 성품인 성결, 사랑의 충만, 성령세례를 통해 이웃을 사랑하는 삶을 살아가야 한다.

　2단원은 모든 기독교인이 성결의 은혜를 통해 '이웃을 사랑하는 삶'을 살기를 바라며 다음과 같이 구성되었다. 1과는 '비판하지 않는 사랑'이다. 이는 하나님 앞에서 우리 모두가 죄인이었음을 기억하는 것에서 출발한다. 하나님의 피조물인 우리는 다른 이를 비판하기보다는 늘 하나님과의 관계에서 먼저 나의 모습을 되돌아보아야 할 것이다. 2과는 '이웃을 돌아보는 사랑'이다. 이웃을 사랑하는 것은 곧 하나님의 사랑을 표현하는 것이다. 예수님은 진정으로 하나님을 사랑하는 마음이 충만한 자는 이웃의 필요를 돌보고 사랑하는 삶을 사는 자라고 강조하셨다. 3과는 '용서하는 사랑'이다. 용서는 나를 용서하신 하나님의 은혜를 기억하는 자가 타인에게 갖는 태도를 뜻한다. 용서는 성령의 능력으로 가능한 것이기에 용서할 수 있는 능력을 구해야 할 것이다. 4과는 '사랑으로 하나되는 교회'이다. 다양한 사람이 모인 공동체가 하나가 되려면 우리 모두가 그리스도의 사랑을 받은 자라는 믿음과 성령의 하나됨의 은혜가 있어야 한다. 5과는 '사랑을 행함으로 온전케 되는 믿음'이다. 1단원을 통하여 새로운 생명을 얻은 기독교인으로서의 삶을 결단하였다면, 2단원을 통하여 그 생명이 사랑으로 충만해지고 온전해지는 은혜를 체험하기를 바란다.

비판하지 않는 사랑

교육주제 남을 비판하기 전에 먼저 나를 돌아보자.

배울말씀 마태복음 7장 1–5절

도울말씀 롬 2:1; 14:10, 고전 4:3–5, 약 4:11–12

새길말씀 네가 어찌하여 네 형제를 비판하느냐 어찌하여 네 형제를 업신여기느냐
우리가 다 하나님의 심판대 앞에 서리라 (롬 14:10)

이룰 목표

① 예수님께서 '하지 말라'고 하신 것과 '하라'고 하신 것이 무엇이고, 그 이유가
무엇인지 말할 수 있다.

② 예수님께서 비판하지 말라고 하신 말씀의 의미를 깨닫고, 다른 사람을 함부로
비판하고 상처를 주었던 경험을 고백하고 반성할 수 있다.

③ 자신의 비판적인 생각과 말을 긍정적이고 격려하는 말로 바꾸도록 노력한다.

교육흐름표

40 min	**20** min	**20** min	**20** min	**20** min
O.T.	관심	기억	반성	응답

교육진행표

구분	오리엔테이션	관심갖기	기억하기	반성하기	응답하기
제목		난 괜찮은 사람이야!	티와 들보	들보를 빼내라	자아성찰
내용	단원 설명, 자기 소개	비판적 성향을 가진 박집사 이야기 읽고 자신 돌아보기	비판하지 말라고 하신 예수님의 말씀 확인하기	비판하지 말아야 하는 이유 찾기	자신을 돌아보아 비판하는 말을 격려 하는 말로 바꾸기
방법	강의, 발표	예화 읽고 이야기하기	성경 찾아 답하기	성경 찾아 답하기	질문지에 답하고 결단하기
준비물	출석부		성경책 들보와 티 그림	성경책 간음한 여인 그림	
시간	40분	20분	20분	20분	20분

　"성숙한 기독교인의 삶"이란 여러 관계 속에서 "어떻게 기독교인답게 생각하고 말하고 행동하느냐?" 하는 것이다. 하나님과의 관계에서, 가족과의 관계에서, 믿는 성도들과의 관계에서, 일상생활이나 사회생활에서, 그리고 복음을 전하고 섬겨야 할 대상인 세상과의 관계에서 기독교인의 성숙한 인격과 사랑이 드러나야 한다. 본문에서 예수님은 성숙한 인격과 사랑의 관계를 위한 교훈을 주셨다. 예수님은 타인에 대한 잘못된 의식, 즉 남의 눈에 있는 티만 보고 자신의 눈 속에 있는 들보는 보지 못하는 자기중심적인 사고방식을 경고하셨다.

1. 비판하거나 헤아리지 말라(마 7:1-2)

　대부분의 사람들은 자기 자신의 기준에 따라 상대방을 비판하고 판단한다. 그런데 사람들은 일반적으로 자기보다 남들에 대해 더 비판적이다. 또한 겉으로는 옳고 그름을 판단하고 정의를 말하는 것 같지만 그 이면에는 이기적이고 교만한 죄의 본성이 숨어 있다. 특히 마음 속에 사랑이 결핍되어 있을 때 자신이 지닌 어떤 기준에 도달하지 못하는 형제들을 더욱 비판한다. 그러한 사람은 교만하고 자신의 의로움을 드러내기를 좋아할 뿐 아니라 다른 사람의 허물과 결점을 비판하고 정죄하기를 서슴지 않는다. 바리새인들이 바로 그러했다. 그들은 교만한 마음으로 하나님께 나아갔으며, 자신의 기준으로 사람들을 비판하고 정죄하고 무시했다. 예수님은 그런 바리새인들을 두고 '외식하는 자'라고 책망하시며 남을 향한 비판과 헤아림이 그 자신에게 돌아갈 것이라고 경고하셨다.

　'비판'을 뜻하는 헬라어 '크리노(krino)'는 '심판'과 '비난'이라는 의미를 담고 있다. 본문에서는 '재판장의 입장에서 남을 심판하거나 정죄하지 말라'는 의미이다. 왜냐하면 그 권한은 오직 하나님께만 있기 때문이다. 그렇다고 진실과 거짓에 대하여도 말하지 말라는 내용은 결코 아니다. 단지 남을 정죄하고 자 하는 사악한 마음으로 남의 단점을 끄집어내 공격하는 비판을 금하신 것이다. 또한 본문 2절의 '헤아림'이라는 말은 '판단' 혹은 '잣대'를 뜻한다. 즉 다른 사람을 평가하는 자기 나름대로의 기준을 말한다. 인간은 거룩하신 하나님의 판단 앞에서 온전하지 않으며 모두 죄인이다. 따라서 쉽게 남을 판단하고 정죄하는 사람은 그와 동일한 보응을 받을 뿐 아니라, 오히려 하나님께 심판을 받게 될 것이다(약 4:11-12, 고전 4:4-5).

2. 먼저 들보를 빼내어라(마 7:3-5)

'티'는 나무 조각, 가시 등과 같은 작은 입자를 가리키고, '들보'는 집을 받쳐주는 큰 통나무를 의미한다. 이 구절의 해석에는 세 가지 관점이 있는데, 첫째는 '도덕적 판단력이 없는 자가 자기의 판단 기준에 의거하여 가벼운 실수를 한 자를 지적하는 것'이라고 보는 것이고, 둘째는 '자신을 의로운 사람으로 규정한 바리새인들과 동일한 성격을 소유한 자를 가리키는 말'로 보는 것이다. 셋째는 영적인 의미로 해석하여 '자신의 신앙이 완벽한 줄로 여겨서 도리어 자신이 더 비난의 대상이 되는 줄 모르는 자를 지적하는 것'으로 보는 것이다. 결국 이러한 모든 견해를 종합해 볼 때, 예수님은 이 말씀을 통해 자신에게는 관대하면서 타인에게는 냉혹한 태도를 금하신 것이다. 자신도 실수가 많으니 타인의 조그마한 실수를 끄집어내 그를 정죄하고 비판하지 말아야 한다는 것이다. '티와 들보'를 대비하는 것은 자기의 허물은 티처럼 하찮게 여기면서 다른 사람의 허물은 들보처럼 크게 여기는 인간의 악한 심리를 드러내는 것이다. 특히 교만하고 자기중심적인 사람, 실수와 허점이 많고 죄가 많은 사람일수록 타인을 공격하고 비난한다. 그런 사람들은 시간이 지날수록 인간관계에 마찰이 생길 뿐 아니라 공동체가 하나되는 것을 어렵게 한다. 한편 5절에서 '먼저'와 '그 후에야'라는 두 단어도 대조되고 있다. 다른 사람을 비판하기 전에 먼저 해야 될 일이 바로 들보를 빼내는 것, 즉 자기 성찰을 하라는 말씀이다. 여기서 '밝히 본다'라는 말은 '시력을 회복하다' 혹은 '꿰뚫어 보다'라는 뜻이다. 따라서 타인의 성장을 바라는 건설적인 비판을 하기 위해서는 먼저 자신을 다스리고 철저하게 회개해야 한다. 하나님 앞에서 자신을 철저하게 낮추지 않는다면 다른 사람의 잘못을 지적하고 의의 길로 인도할 자격이 없다. 나의 들보를 깨닫고 겸손해지면 남의 티는 더 이상 문제가 되지 않는다. 또한 자기 자신의 내면에 있는 들보를 발견한 순간 형제의 티는 결코 허물이 아니요 우리가 사랑해야 할 대상이라는 것을 발견하게 될 것이다.

3. 사랑으로 하나되는 신앙공동체

구약 율법은 근본적으로 판단의 법이라 할 수 있다. 따라서 구약시대에는 비판하는 자, 판단하는 자가 의로운 자였다. 구약시대의 방식으로 하자면 판단하고 비판하는 서기관과 바리새인들이 바른 사람들이었다. 그러나 이 땅에 구원자로 오신 예수님은 엄격한 율법과 판단이 아닌, 사랑과 긍휼로써 백성을 대하셨다. 그러므로 이제 믿는 자들도 예수님의 자비와 긍휼을 따라 하나님의 자녀로 살아야 한다.

교회는 세상과 본질적으로 다르다. 세상은 은혜의 원리가 아닌, 대결과 경쟁의 원리로 사람들의 삶을 지배한다. 그러나 교회는 오직 예수 그리스도를 통한 사랑과 은혜의 원리가 지배해야 한다. 교회는 죄인과 악인이 그리스도의 긍휼과 자비로 용서받고 죄사함을 받는 곳이며 더 나아가 구원 받아 천국에 들어가게 하는 곳이다. 무엇보다 교회는 그리스도의 몸이요 그리스도를 믿는 믿음으로 하나된 공동체이다. 따라서 비판과 비난이 자주 이루어진다면 교회가 올바로 지탱되기 어렵다. 성숙한 그리스도인은 다른 사람의 허물을 들춰내고 비판하기 전에 먼저 자신을 돌아볼 줄 알아야 한다. 끊임없이 자신을 성찰하고 훈련함으로써 스스로 겸손해야 하며, 날카로운 비판과 정죄보다 그리스도의 용서와 사랑으로 다른 사람들을 대해야 한다(잠 17:9, 19:11). 겸손하고 온유한 자는 하나님의 은혜와 도우심으로 그의 삶이 변화되고 성숙되어 간다. 이와 같은 변화된 품성이 삶 속에서 드러날 때 교회 공동체는 하나가 될 것이다. 뿐만 아니라 믿지 않는 사람들에게 삶을 변화시키는 하나님의 능력을 증거할 수 있을 것이다.

· 티(The speck of sawdust) : 성경에서 '티끌'에 해당하는 헬라어 '카르포스(kar-pos)'는 '시들다'는 뜻에서 유래한 말로 '조각'을 의미한다. 즉 나무 부스러기, 지푸라기 또는 작은 모래알 등을 가리킨다. 대개 작은 허물을 지칭할 때 비유적으로 사용하였다 (마 7:3, 눅 6:41).

· 들보(Beam) : 들보는 집 또는 건물의 건축에 사용된 큰 목재나 판을 말하는 것으로, 건물의 벽, 지붕, 그리고 문을 지탱했다(왕상 6:9, 36, 대하 3:7, 느 2:8; 3:3, 아 1:17). 여기서는 큰 허물을 의미한다.

· 외식(外飾) : 외형적인 태도와 내면적인 태도 사이에 모순이 있는 진실하지 않은 마음의 상태를 말한다. 즉 외식하는 자는 위선자, 혹은 겉으로만 옳은 체하는 사람을 의미하는데, 성경에서는 주로 바리새인과 서기관들을 지칭하여 사용되었다. 그들은 누구보다도 자신들이 의롭다고 여겼으며 자기들과 다른 사람들을 비판하고 깔보고 무시하는 독선적인 태도를 가졌다. 예수님은 그들의 중심을 보시고 그들을 향하여 '외식하는 자'라고 말씀하셨다.

· 정죄 : '죄가 있다'고 판정하는 것.

관심갖기

난 괜찮은 사람이야!

아래의 이야기를 읽고 질문에 대답해 보십시오.

> 박 집사는 누구보다도 열심히 신앙생활을 하는 사람입니다. 모든 공예배에 빠짐없이 참석할 뿐 아니라 성경을 읽고 배우는 일과 기도하는 일에 최선을 다합니다. 또한 매사에 주관이 뚜렷하고 분명합니다. 그래서 때때로 지나치게 자신의 의견을 고집하거나 다른 사람을 비판할 때가 있습니다. 자신의 생각과 다르거나 잘못됐다고 여기는 것에 대해서 날카롭게 지적하고 비판합니다.

"김 집사, 요새 사업이 잘 안된다고? 그러게 열심히 기도 좀 하라고 했잖아. 쯧쯧쯧."

"이 집사, 지금 당신의 행동은 옳지 않아. 예수 믿는 사람이, 그것도 집사가 그렇게 하면 되겠어?"

박 집사는 이러한 비판적 성향 때문에 본의 아니게 다른 사람에게 상처를 주기도 합니다. 하지만 그는 자신이 이성적이고 꽤 괜찮은 사람이라고 생각합니다. 그는 사람들이 자신의 비판에 왜 그렇게 예민한지 이해할 수 없습니다. 오히려 그는 "잘못한 것을 잘못이라고 얘기하는데 왜 나빠? 비판 속에서 사람이 성장하는 것 아니야?"라고 반문합니다.

1. 박집사의 태도에 대해 어떻게 생각하십니까? "비판 속에서 사람이 성장한다."는 박집사의 말에 동의하십니까? 혹은 나 자신이 그런 성향을 가지고 있습니까?

각자의 이야기를 들어본다.

사람은 누구나 여러 가지 판단과 결정을 하면서 살아간다. 인간관계에 있어서도 마찬가지다. 내가 어떤 행동을 하기 위해서는 반드시 판단하는 과정을 거치게 된다. 그런데 그때마다 내 판단과 결정이 옳은 것일까? 때로는 자신이 옳다고 여기는 것, 최선이라 생각하는 것이 결코 그렇지 않을 수도 있다. 심지어 나 중심의 그릇된 생각과 판단 때문에 상처를 받는 사람이 있을 수도 있다. 그래서 예수님은 자신의 판단기준에 따라 다른 사람을 함부로 판단하고 비판하고 정죄하는 것에 대해 경고하셨다.

배울말씀을 잘 읽고 아래의 질문에 대답해 봅시다.

1. 예수님이 '하지 말라'고 하신 것과 '하라'고 하신 것이 무엇인지 찾아 적어 봅시다.

   1) 하지 말라고 하신 것(마 7:1) : 비판하지 말라
   2) 하라고 하신 것(마 7:5) : 들보를 빼어라(그림 자료)

2. 위의 질문에서 예수님께서 '하지 말라'고 하신 이유와 '하라'고 하신 이유는 각
  각 무엇입니까?

   1) 하지 말라고 하신 이유(마 7:2)
      내가 하는 비판과 헤아림이 그대로 나에게 되돌아오기 때문이다.

   2) 하라고 하신 이유(마 7:5)
      그 후에야 밝히 보고 형제의 눈 속에서 티를 뺄 수 있기 때문이다.

3. 예수님이 말씀하신 외식하는 자는 어떤 사람입니까?(마 7:3)
    형제의 눈 속에 있는 티는 보면서 자기 눈 속에 있는 들보는 깨닫지 못하는 자

1. 다른 사람과 관계를 맺고 살아갈 수 밖에 없는 인간이 다른 사람에 대해 아무런 비판이나 판단을 하지 않고 살 수 있을까요? "비판하지 말라"고 하신 예수님 말씀의 의미는 무엇일까요? (약 4:11)

   선과 악, 그리고 옳고 그름은 분별하되 사람을 함부로 판단하거나 정죄하지 말라

   "비판하지 말라"는 말은 합당한 의견을 제시하거나 건전한 판단력을 갖는 것을 금하는 것은 아니다. 왜냐하면 성도는 참과 거짓 그리고 진리와 비진리를 분별할 수 있는 판단력을 반드시 갖추어야 하기 때문이다. 이는 다만 편견을 가지고 무분별하고 성급하게 의견을 제시하지 말라는 것이다. 또한 판단이나 비판이라는 이름으로 상대방을 비난하여 그 인격을 무시하고 정죄하지 말라는 것이다. 그 사람도 예수 안에서 의롭다 함을 입은 존귀한 존재이기 때문이다. 잘못된 비판과 판단은 문제해결에 도움이 되지 못할 뿐 아니라 오히려 반발심만 일으키고 상대방에게 돌이킬 수 없는 큰 상처를 줄 수 있다.

2. 단지 내가 비판받지 않기 위해서 비판하는 것을 금지해야 할까요? 함부로 비판하지 말아야 할 보다 본질적인 이유는 무엇일까요? (롬 2:1, 14:10)

   인간은 죄인이기에 올바르고 공정한 심판자가 될 수 없기 때문이다.

   인간은 어느 누구도 다른 사람을 함부로 판단하고 정죄할 자격이 없다. 왜냐하면 모든 사람은 누구나 죄인이며 동등하게 허물과 실수가 많기 때문이다. 우리는 남을 정죄할 자격이 없다. 설사 자격이 있다 할지라도 교만과 편견, 이기적인 동기와 욕심으로 가득 찬 인간의 비판은 불완전하고 불공평하다. 따라서 다른 사람을 함

부로 판단하고 정죄해서는 안 된다. 그것은 하나님의 고유 권리이다(약 4:12). 따라서 우리는 서로를 판단하기 보다 서로가 연약한 사람들이라는 것을 인정하고 서로를 세워주기 위해 노력해야 한다.

나 자신이 하나님께 심판 받게 될 것이기 때문이다.

남을 함부로 비판하는 자들의 더 큰 문제는 정작 자신은 그 비판대로 살지 않는다는 것이다. 누구도 거룩하신 하나님의 판단 앞에 온전하지 못하고, 누구도 하나님의 심판을 피할 수 없다(롬 2:3). 남을 마음대로 판단하는 것은 그 사람을 상처 입히고 죽이는 결과를 가져온다. 그리고 결과적으로 자신도 하나님께 심판을 받게 되는 것이다.

3. 다음은 요한복음 8장 3–11절(그림 자료)에 나오는 이야기입니다. 이 이야기를 통해 알 수 있는 비판의 기준은 무엇인가요?

> 서기관들과 바리새인들이 음행 중에 잡힌 여자를 끌고 와서 가운데 세우고 예수께 말하되
> "선생이여, 이 여자가 간음하다가 현장에서 잡혔나이다. 모세는 율법에 이러한 여자를 돌로 치라 명하였거니와 선생은 어떻게 말하겠나이까?"
> 그들이 이렇게 말함은 고발할 조건을 얻고자 하여 예수를 시험함이러라.
> 예수께서 몸을 굽히사 손가락으로 땅에 쓰시니 그들이 묻기를 마지 아니하는지라.
> 이에 일어나 이르시되
> "너희 중에 죄 없는 자가 먼저 돌로 치라."
> 하시고 다시 몸을 굽혀 손가락으로 땅에 쓰시니 그들이 이 말씀을 듣고 양심에 가책을 느껴 어른으로 시작하여 젊은이까지 하나씩 하나씩 나가고 오직 예수와 그 가운데 섰는 여자만 남았더라.
> 예수께서 일어나사 여자 외에 아무도 없는 것을 보시고 이르시되
> "여자여, 너를 고발하던 그들이 어디 있느냐. 너를 정죄한 자가 없느냐?"
> 대답하되 "주여, 없나이다."
> 예수께서 이르시되
> "나도 너를 정죄하지 아니하노니 가서 다시는 죄를 범하지 말라." 하시니라.

비난과 정죄가 아닌 긍휼과 사랑

구약 율법은 근본적으로 판단의 법이라 할 수 있다. 따라서 구약시대에는 율법이 말하는 그대로 비판하는 자, 판단하는 자가 의로운 자였다. 구약시대의 방식으로 하자면 성경과 율법을 많이 아는 서기관과 바리새인들의 판단과 비판이 맞을 것이다. 그러나 예수님은 엄격한 율법을 근거로 한 정죄가 아닌, 사랑과 긍휼로 사람을 대하셨다. 그러므로 이제 믿는 자들도 하나님의 사랑과 긍휼의 법을 따라 세상과 사람을 판단해야 한다.

4. 당신의 비판과 판단을 흐리게 하는 숨겨진 들보는 무엇입니까? 잘못된 판단 혹은 비판 때문에 다른 사람에게 상처를 주거나 받은 경험이 있습니까?

각자의 생각과 경험을 나눈다.

앞에서 나온 박집사의 문제점은 자신의 판단과 비판이 무조건 옳다고 생각하고 다른 사람의 입장이나 감정은 생각하지 않고 함부로 비판하고 정죄하는 것이다. 그것은 성숙한 신앙인의 모습이 아니다. 지금까지 내 기준에 맞추어 다른 사람을 판단하거나 자신에게는 관대하고 다른 사람에게만 엄격하고 날카롭게 비판했던 잘못된 삶의 태도를 회개해야 한다. 그리고 비판의 우선순위를 바꾸어야 한다. 먼저 정직하게 자신을 비판해야 한다. 그것이 바로 자기성찰이다. 성숙한 기독교인은 자기성찰을 통해 하나님 앞에서 자기의 모습을 정직하게 바라보고 겸손해진다. 그리고 다른 사람을 비판하고 비난하기보다 격려하고 세워줌으로써, 주님의 뜻을 실천하는 성숙한 기독교인의 삶을 살아야 한다.

그리스 신화에 나오는 이야기이다. 프로크루스테스라는 날쌔고 교활한 강도가 아티카라는 지방에 살면서 자기 영지를 지나가는 나그네를 잡아 쇠 침대 위에 누이고 결박했다. 그는 나그네의 키가 침대보다 길면 잘라내어 죽이고, 짧으면 몸을 잡아 늘여 침대 길이에 맞추어 죽였다고 한다. 그래서 이 '프로크루스테스의 침대'라는 말이 오늘날 융통성이 없다는 뜻의 관용구가 되었다. 이와 같이 자신만의 잣대를 가지고 남을 제멋대로 판단하고 비판하는 것은 다른 사람들에게 상처를 주거나 심지어 그를 죽이는 결과를 낳을 수도 있다.

한편 자기를 사랑하고 귀히 여기는 건강한 자존감은 죄가 아니다. 그러나 자신의 의로움을 드러내기 위해 혹은 자기정당화를 위해 다른 사람을 비판하고 정죄하기 시작할 때 이것은 자존감의 영역을 넘어선 교만의 시작이다.

① 우월감: 다른 사람보다 내가 더 낫다는 생각. 우월감을 가진 사람은 자기보다 못한 사람을 무시한다.

② 의인의식: '나는 옳은데, 네가 틀렸다.'고 생각하는 것. 이런 사람은 아무리 말씀을 들어도 자기와 관계 없다고 생각한다(사 6:9).

③ 이기주의: 다른 사람이야 어떻게 되든 상관하지 않고 자기 자신이나 자기가 속해 있는 작은 집단의 이익만을 생각하고 행동하는 것을 의미한다.

④ 열등감: 열등감이 있는 사람은 비판을 함으로 자기만족을 얻어 보려는 심리가 강하게 작용한다. 즉 자기의 약점을 감추거나 자기의 불의한 행동을 정당화하기 위해 상대방을 비판한다. 이런 사람은 타인의 장점이나 능력을 인정하지 않을 뿐 아니라 자신의 기쁨이나 은혜를 다른 사람과 나누지 못한다.

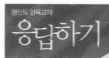
1. 나 돌아보기

아래의 질문을 읽고 질문에 대답해 봅시다.

① 나는 다른 사람을 외모(능력, 재능, 물질, 명예, 학력, 생김새 등)로 판단한 적이 있다.

    그렇다 ——————— 잘 모르겠다 ——————— 아니다

② 나는 내 능력을 과시하거나 나를 정당화하기 위해 다른 사람을 비판하고 판단한 적이 있다.

    그렇다 ——————— 잘 모르겠다 ——————— 아니다

③ 나는 항상 내 판단기준이 옳다고 여기고, 그 기준대로 다른 사람을 평가하고 비판한다.

    그렇다 ——————— 잘 모르겠다 ——————— 아니다

④ 나는 나 자신에게는 너그럽고 관대하지만 남에게는 엄격하게 판단하고 비판한다.

    그렇다 ——————— 잘 모르겠다 ——————— 아니다

⑤ 나는 마지막 심판 날에 하나님 앞에서 당당하게 칭찬받을 자신이 없다.

    그렇다 ——————— 잘 모르겠다 ——————— 아니다

위 질문들을 통해 학습자들이 자신의 모습을 되돌아보고 스스로에 대해서 평가해 보도록 한다. 특별히 점수를 매길 필요는 없다. 이러한 질문을 통해 자신을 겸허히 돌아본 후, 2번의 항목을 통해 우리들의 언어 생활을 생각해 보는 순서로 자연스럽게 넘어가도록 한다.

2. 비판하는 말에서 격려하는 말로!
내가 평소에 다른 사람에게 자주 표현하는 비판이나 말은 어떤 것입니까? 그리고 그런 것들을 어떻게 긍정적이고 격려하는 말로 바꿀 수 있을까요?

예) "김 집사, 요새 사업이 잘 안된다고? 그러게 열심히 기도 좀 하라고 했잖아."
➡ "김 집사, 요새 사업이 잘 안된다고? 걱정하지 말고 힘내. 내가 함께 기도해 줄게."

① ....
➡ ....

② ....
➡ ....

③ ....
➡ ....

새길말씀 외우기

네가 어찌하여 네 형제를 비판하느냐 어찌하여 네 형제를 업신여기느냐 우리가 다 하나님의 심판대 앞에 서리라 (롬 14:10)

결단의 기도

거룩하신 하나님, 지금까지 나의 관점, 나의 생각으로 성급하게 남을 비판하였던 교만과 어리석음을 용서하여 주소서. 이제까지의 잘못을 회개하고 앞으로는 거룩하신 하나님 앞에 진실하고 겸손하게 살기를 원합니다. 남의 잘못과 실수를 판단하고 비판하기에 앞서 나의 모습을 먼저 하나님의 말씀에 비춰볼 수 있는 너그러움과 여유를 갖게 하소서. 혹시라도 제 눈에 비친 그들의 잘못된 모습이 사실이라면 주님의 마음으로 그들을 품게 하시고 그들을 위해 기도하게 하소서. 예수님의 이름으로 기도 드립니다. 아멘.

평신도 양육교재
평가하기

평가항목	세부사항	그렇다	그저 그렇다	아니다
인도자의 준비도	인도자는 본 과의 교육목적을 이루기 위해 충분히 준비했습니까?			
교육목표의 성취도	학습자들이 자신의 비판적 태도를 반성하고 자아성찰과 타인을 존중하고 세워주는 겸손한 삶을 살기로 결단했습니까?			
학습자의 참여도	학습자들이 진지하고 적극적인 태도로 성경공부에 임했습니까?			
성경공부의 분위기	성경공부를 진행하는 동안의 분위기가 자연스럽고 편안했습니까?			
기타 보완할 점	기타 보완할 점이나 건의사항이 있습니까?			

2

이웃을 돌아보는 사랑

교육주제 관심과 사랑으로 이웃을 돌아보자.

배울말씀 누가복음 10장 25-37절

도울말씀 마 22:34-40, 약 2:14-17

새길말씀 대답하여 이르되 네 마음을 다하며 목숨을 다하며 힘을 다하며 뜻을 다하여
주 너의 하나님을 사랑하고 또한 네 이웃을 네 자신 같이 사랑하라 하였나이다
(눅 10:27)

이룰 목표

① 이기주의와 무관심 속에 소외되고 고통 받는 이웃의 현실을 확인할 수 있다.

② 진정한 이웃은 어려움에 처한 사람에게 자비와 사랑을 베푸는 자임을 깨달을
수 있다.

③ 선한 사마리아인과 같이 이웃에게 인격적 관심과 긍휼의 마음을 갖고 이웃을
사랑하고 돌보는 삶을 산다.

교육흐름표

20 min	20 min	40 min	40 min
관심	기억	반성	응답

교육진행표

구분	관심갖기	기억하기	반성하기	응답하기
제목	무관심의 시대	강도 만난 자의 이웃	참된 이웃 사랑	사랑으로 다가가기
내용	무관심한 시민 이야기 읽고 자신의 경험 나누기	선한 이웃이 되라고 말씀하신 예수님	율법사와 예수님의 대화를 통해 선한 이웃이 되기로 결단하기	내가 찾아갈 이웃 정하고 사랑 실천하기
방법	신문 기사 읽고 자신의 삶 이야기하기	성경 찾아 답하기	자기 경험 나누기	본회퍼의 글 읽고 말씀 묵상 실천방안 찾기
준비물	예루살렘에서 여리고 가는 길, 여리고 사진	성경책 선한 사마리아 그림	성경책	
시간	20분	20분	40분	40분

말씀 이해

인간은 누구나 본능적으로 자기 자신을 돌본다. 그런데 주변에 있는 이웃에 대해서는 무관심하고 냉정할 때가 많다. 현대를 살아가는 기독교인들도 예외가 아니어서 지나치게 '이기적'이거나 이웃에 대해 '무관심'하다는 문제점을 안고 있다. 그렇다면 예수님께서 믿는 자들에게 요구하시는 것은 무엇일까? 예수님은 누가 진정한 이웃인지 구체적인 예화를 들어 주심으로 하나님을 사랑하고 이웃을 사랑하는 것이 모든 율법의 핵심이요, 근본임을 가르치신다(마 22:34-40).

1. 율법사의 첫 번째 질문: 영생을 얻는 방법(눅 10:25-28)

율법사는 율법을 가르치고 성경을 열심히 기록하고 연구하여 율법에 대해서 누구보다도 많이 알고 있다고 자부하는 사람이다. 이들은 자신의 명예를 위해서 논쟁을 벌이는 경우가 많이 있었다. 본문에 나오는 율법사도 예수님을 시험하기 위하여 영생을 얻는 방법이 무엇인지 질문을 던진다. 그의 질문은 진리 탐구가 목적이 아닌, 유대인들 간에 자주 일어나는 논쟁 속으로 예수님을 몰아넣으려는 책략이었다. 율법사의 숨겨진 의도를 아신 예수님은 율법사와 논쟁하지 않으시고 일단 그가 율법을 정확하게 알고 있는지 되물으셨다. 이에 율법사는 신명기 6장 5절과 레위기 19장 18절의 말씀을 인용해서 "하나님을 사랑하고 이웃을 사랑하는 것"이라고 대답했다. 율법사는 구약에 있는 613가지 율법 조항의 진수가 바로 이 두 계명에 집약되어 있다는 사실을 잘 알고 있었다. 예수님은 율법사의 대답이 옳다고 하시고 "이를 행하라."라고 말씀하셨다(눅 10:28). '지식'이 아니라 '행함'의 문제임을 지적하신 것이다.

예수님의 가르침은 분명하다. 그것은 하나님을 사랑하고 이웃을 사랑하라는 것이다. 그 두 가지는 분리될 수 없다. 예수님의 이 명령은 주님의 가르침이 율법의 가르침과 근본적으로 다르지 않음을 의미한다. 온전한 믿음은 '하나님을 사랑하고 이웃을 사랑하는 것'이다. 예수님을 믿는 성도는 마음을 다하여 하나님을 사랑하고 섬겨야 한다. 나아가 하나님을 향한 이 사랑이 이웃 사랑으로 나타나야 한다. 이웃을 사랑하는 행함이 없으면 하나님을 믿는 믿음 역시 공허한 것이 되거나 잘못된 것이 되고 만다. 왜냐하면 행함이 없는 믿음은 죽은 것이기 때문이다(약 2:14-17).

2. 율법사의 두 번째 질문: 누가 내 이웃인가?(눅 10:29-37)

예수님을 시험하기 위해 영생에 대한 질문을 던졌던 율법사가 자신이 옳다는 것을 보이고 싶은 마음에 두 번째로 이웃에 대한 질문을 한다. 예수님은 율법사의 질문에 '선한 사마리아인'(그림 자료)의 비유를 들어 이웃이란 어떤 특정한 범위의 사람들이 아니라 도움을 주고 받을 수 있는 모든 사람이라고 설명해 주신다.

예수님은 '한정된 이웃'의 개념을 깨뜨리신다. 여기서 사용된 '이웃(플레시온)'이라는 단어는 헬라어 어법상 집단적인 의미를 갖는다. 당시 유대인들은 자신을 중심으로 하여 같은 종족, 같은 종교를 갖고 있는 사람들만을 자신의 이웃이라고 생각하였다. 그 외의 사람들은 이웃의 범주에서 제외시켰다. 특히 유대인과 사마리아인은 서로를 증오하고 경멸하는 사이였기 때문에 결코 이웃이 될 수 없었다. 이런 상황에서 예수님이 사마리아인을 선한 이웃으로 등장시키신 것은 유대인들의 전통적인 이웃 개념을 완전히 무너뜨리는 것이다. 예수님에게 있어서 이웃이란, 어려움에 빠졌거나 도움이 필요한 사람 누구나를 일컫는다. 이러한 예수님의 이웃 개념은 온 세상을 향한 하나님의 구속의 사랑에서 비롯되는 것이다(요 11:52).

또한 예수님은 이웃 사랑을 행하는 참된 태도에 대해서도 가르쳐 주신다. 본문에서 제사장과 레위인은 강도의 습격을 받아 죽어가는 사람을 보고도 돕지 않고 '피하여 지나갔다'고 기록하고 있다. 이것은 무관심하고 비인간적인 비정한 이웃의 모습이다. 그러나 어떤 사마리아인은 다른 행동을 한다. 그는 강도 만난 사람을 보고 불쌍히 여겼다. 그는 위험을 무릅쓰고 그에게 다가가서 자신이 도울 수 있는 모든 방법을 동원해 그를 도왔다. 여기서 '불쌍히 여긴다'는 말은 상대방의 아픔을 나의 아픔으로 여긴다는 뜻이다. 이 사마리아 인은 완전한 이웃 사랑의 전형을 보여준다. 왜냐하면 그는 어떤 신분이나 법, 제도에 얽매이지 않고 자신의 시간과 돈을 희생하여 곤경에 처한 사람을 돕고 끝까지 책임지려고 하는 태도를 보여주었기 때문이다. 그 사마리아인의 모습을 통해 인간을 사랑하시되 끝까지 사랑하신 예수의 온전한 사랑을 조금이나마 이해할 수 있다(요 13:1).

3. 가서 너도 이와 같이 하라.(눅 10:37)

율법사는 "어떻게 하면 선한 이웃으로 살아갈 수 있을까?" 하는 실천의 문제에 관심을 가진 것이 아니라 "누가 내 이웃인가?" 하는 지식의 문제에 관심이 있었다. 예수님은 이에 대해 "누가 강도 만난 자의 이웃이 되겠느냐(36절)." 라는 질문으로 되물으신다. 율법사의 질문은 '나'를 중심에 둔 물음이요, 예수님의 질문은 '타인'을 중심에 둔 물음이다. 즉 전자에 이웃의 개념을 범주적으로 제한하려는 의도가 숨겨져 있는 반면, 후자에는 제한적인 이웃 개념을 타파하려는 의도가 숨어 있다. '누가 … 이웃이 되겠느냐?'는 예수님의 질문은 '누가 나의 이웃인가?'에 대한 관심으로부터 '나는 누구의 이웃이 되어야 하는가?'로 관심을 돌리는 것이다. 율법사는 내 이웃이 정해지면 그를 사랑하겠다는 것이지만 예수님은 모든 타자가 이웃이라고 강조하고 계신다. '자비를 베푼 자가 이웃'이라고 대답한 율법사에게 예수님은 "가서 너도 이와 같이 하라."라고 말씀하셨다. 단지 지식적으로 아는 것이 사랑이 아니고 그것을 실천에 옮겨야 비로소 사랑이라는 것이다. 그렇다면 어떻게 해야 이웃 사랑을 실천할 수 있을 것인가?

첫째, 이웃을 사랑하려면 이기적이고 자기중심적인 태도에 변화가 있어야 한다. 본문에 등장한 사람들은 강도 만난 자를 보는 태도가 각각 달랐다. 강도는 희생자를 약탈의 대상으로 보았다. 제사장과 레위인은 희생자를 귀찮은 존재로 보았다. 율법사는 희생자를 토론의 대상으로 보았다. 그러나 사마리아인은 희생자를 사랑으로 돌보아야 할 이웃으로 보았다. 이 비유에서 단지

한 사람만이 올바른 태도를 보였다.

둘째, 이웃을 사랑하려면 이웃을 인격적으로 대하고 그를 긍휼히 여기는 마음을 가져야 한다. 이러한 관심과 긍휼의 마음을 가질 때 우리를 바라보시는 하나님의 입장에서 그들을 바라보게 된다.

셋째, 이웃을 사랑하려면 구체적인 실천이 있어야 한다. 이웃 사랑에서 중요한 것은 율법에 대한 전문적이고도 해박한 지식을 습득하는 것보다 도움을 필요로 하는 자들에게 자비를 베풀고 실천하는 사랑이다. 따라서 기독교인들은 주님이 행하라고 명령하신 대로 이 사회의 이기심과 무관심 때문에 소외되고 고통 받는 사람들의 참 이웃이 되어주어야 한다.

용어, 지명 해설

· 여리고(사진 자료) : 예루살렘은 해발 약 9km 가량 높은 지역인 반면, 여리고는 바다보다 3000m 이상 낮은 지역이다. 예루살렘과 여리고 사이 길은 험하고 바위가 많아서 예수님 당시에는 많은 강도나 범죄자들이 그곳에 숨어 있었다.

· 율법사 : 율법, 특히 모세의 율법을 전문적으로 가르치는 율법 해석자, 율법 교사를 말한다. '서기관'(막 7:1), '교법사'(딛 3:13)라고도 불렸다.

· 제사장 : 제사장은 아론지파에 속한 사람만 될 수 있었으며(출 28:1 ; 레 1:5, 7-8) 육체적인 흠이 없어야 했다(레 21:16-23). 제사장의 주된 임무는 하나님의 성소와 제단을 관리하고 제사를 담당하는 것이었다. 또한 그들은 하나님의 율법을 백성들에게 가르쳤고 하나님의 뜻을 묻는 재판관의 역할도 하였다.

· 레위인 : 제사장과 제사장을 도와 성막에서 봉사하는 모든 레위 후손들을 말한다. 이런 의미에서 레위인과 제사장은 종종 같은 의미로 사용되었다(대하 20:14;31:12). 좁게는 아론과 그의 자손으로 구성된 제사장 계급을 제외한, 레위 후손들만을 말한다.

· 사마리아인 : 사마리아인은 주전 722년경에 이스라엘이 앗수르에 멸망당한 뒤 포로로 잡혀 갔다가, 팔레스타인 지역에 재이주해 들어온 이방인과 유대인 사이에 태어난 혼혈이다. 그러므로 정통 유대주의자들은 사마리아인이 유대민족의 순수성과 유대교의 정통성을 훼손시켰다는 이유로 사마리아 사람을 몹시 미워했다. 특히 주전 109년경에 요한 히르카누스(John Hyrcanus)라는 유대왕이 그리심산에 있던 사마리아인의 성전을 파괴한 다음부터 사마리아인과 유대인 사이에 건널 수 없는 깊은 증오의 강이 생겨나게 되었다.

· 기름과 포도주 : 기름은 통증을 완화시키고 상처를 보호하는 효과가 있고, 포도주는 살균 소독의 효과가 있다.

아래의 이야기를 읽고 질문에 답해 봅시다.

> 간선도로변의 상점에 2인조 괴한이 침입, 주인 부부를 15분간 폭행한 사
> 건이 발생했다. 그런데 이 일대를 지나던 30여 명의 시민들이 이를 구경만
> 하는 바람에 범인들이 그대로 달아나 '이웃에 대한 무관심'을 단적으로 보여
> 주었다. 주인은 자신이 범인 중 한 명의 바지 자락을 붙잡고 주위 사람들에
> 게 '도와 달라'고 통사정했지만 어느 누구도 관심을 보이지 않았다고 말했다.
> 뒤늦게 출동한 경찰이 목격자 진술을 받기 위해 시민들에게 협조를 요청했
> 으나 그 자리에 있던 사람들이 모두 '집에 가야 한다.', '급한 일이 있다.'며
> 자리를 떠 목격자 진술마저 받지 못했다.

1. 위의 기사를 읽고 어떤 느낌이 드십니까? 현장을 목격한 30여 명의 시민들은
   왜 아무도 관심을 보이지 않았을까요?

이러한 상황을 두고 주변인 효과(Bystander Effect), 혹은 방관자 효과, 구경꾼 효
과라고 한다. 주위에 어떤 일이 일어났을 경우, 특히 어려운 처지에 놓인 낯선 사
람을 보았을 경우에 곁에서 지켜보기만 할 뿐 아무런 도움도 주지 않는 현상을 말
한다. 위기에 처한 사람을 도와주는 행동을 하기까지 여러 가지 요인이 작용한다
고 한다. 그 중에서도 흥미로운 사실은 나 이외에 다른 사람이 있었느냐 없었느냐
에 따라 도와주는 행동이 결정된다는 것이다. 특히 사람들은 목격자가 많을수록
덜 도와준다. 설령 도움을 준다고 하더라도 그 행동을 하기까지 걸리는 시간이 더
길다. 주변인 효과가 발생하는 이유는 책임을 다른 사람에게 넘기고 싶은 마음과
정말 자신이 끼어들어야 하는지에 대한 모호성 때문이다. '지켜보는 사람이 많으
니, 내가 아니더라도 누군가 도움을 주겠지.' 하거나 '정말 내가 도와주어야 하나?'

하는 생각이 든다는 것이다. 이 외에도 사람들은 자신에게 돌아올 이익보다 손해가 더 크다고 생각될 때 도와주지 않는다. 위급 상황에 개입하게 되면 자신이 신체적으로 해를 입을 수도 있고, 나중에 증인의 신분으로 경찰서에 불려가야 하는 등 여러 가지 번거로움이 따르기 때문이다. 그래서 그런 상황을 못 본 것처럼 애써 외면하는 사람들이 많다.

2. 이기주의와 무관심에 대한 또 다른 이야기나 경험을 간단하게 나누어 봅시다.

각자의 의견을 나누어본다.

위의 기사에서 볼 수 있듯이 오늘을 살아가는 기독교인들은 이웃에 대한 '무관심'과 자기 자신만을 생각하는 '이기주의'라는 문제에 당면해 있다. '먼 친척보다 가까운 이웃사촌'이라는 속담이 무색할 정도로 현대사회는 비정한 사회, 병든 사회이다. 이러한 시대 현실 속에서 예수님께서 믿는 자들에게 요구하시는 것이 무엇일지 함께 고민해 보자.

평신도 양육교재
기억하기
강도 만난 자의 이웃

1. 율법학자가 예수님께 드린 두 가지 질문은 무엇입니까? (눅 10:25, 29)

1) 선생님, 내가 무엇을 해야 영생을 얻겠습니까?
2) 내 이웃이 누구입니까?

이 질문은 율법 전문가인 율법학자에게 너무도 쉬운 것이었다. 그래서 예수님께서 되물으셨을 때 그는 신명기 6장 5절과 레위기 19장 18절의 말씀을 인용해서 "하나님을 사랑하고 이웃을 사랑하는 것"이라고 자신있게 대답했다.

2. 율법학자의 질문에 대한 예수님의 대답은 무엇입니까? (눅 10:28, 37)

가서, 너도 이와 같이 하여라.

예수님은 율법사의 질문에 대해 다시 되물으심으로써 율법사 스스로 대답하도록 유도하셨다. 그리고 그가 한 대답대로 '행하라'고 말씀하셨다. 예수님께서 이와 같이 명하신 것은 율법사에게 있어서 중요한 것은 율법적 '지식'이 아니라 '행함'이라는 것을 지적하기 위함이다.

3. 비유에 나오는 사마리아인(그림 자료)을 선하다고 부르는 이유는 무엇입니까? (눅 10:33-35)

강도 만난 자를 그냥 지나치지 않고 그를 불쌍히 여겨 다가가서 도와주고 돌보아주었기 때문이다.

제사장은 제사를 집례하고 율법을 가르치는 유대 종교지도자이다. 또한 레위인은 제사장을 도와 성전의 일을 하는 사람이다. 이들은 누구보다도 율법을 잘 알고 철저하게 지킨다고 자부하는 사람들이다. 그러나 이 두 사람은 강도 만난 자를 그냥 지나쳤다. 어려움에 처한 현실을 보고도 무관심하게 그대로 방치해 버린 위선적이고 비정한 이웃의 모습이다. 반면, 당시 유대인들에게 멸시와 천대를 받던 사마리아인은 죽어가는 사람을 불쌍히 여겨 도와줌으로써 인간적인 모든 장벽을 넘어서는 참다운 이웃 사랑의 모습을 보여주었다. 한편 예수님의 질문에 대해 율법사는 '사마리아인'이라고 대답했어야 함에도 단지 '자비를 베푼 자'라는 표현을 썼다. 이는 그가 여전히 사마리아인이라는 말을 입에 담기도 싫어하는 배타적인 태도를 갖고 있음을 보여준다.

참된 이웃사랑

1. 하나님을 사랑하는 것과 이웃을 사랑하는 것은 따로 분리하여 생각할 수 없습니다. 왜 그럴까요? (요일 4:20-21; 마 25:40)

   1) 보이는 형제를 사랑치 아니하는 자는 보지 못하는 하나님도 사랑할 수 없다.
   2) 내 형제 중에 지극히 작은 자(소외된 자)를 사랑하고 섬기는 것이 곧 주님을 사랑하고 섬기는 것이기 때문이다.

   어떤 사람들이 "하나님을 사랑하는 것이 쉬운가, 사람을 사랑하는 것이 쉬운가?"라는 제목을 가지고 토론을 했는데, 결론은 하나님을 사랑하는 것이 쉽다는 것이었다. 그 이유는 하나님은 인간의 사랑을 받으시기에 충분한 자격을 갖고 계시지만 사람들 중에는 사랑스럽지도 않고 사랑을 받을 자격도 없어 보이는 사람들이 많기 때문이라는 것이다. 또한 선행을 베풀려면 자신의 시간과 돈을 투자해야 하기 때문이다. 우리 사회는 '나서면 나만 손해'라는 인식이 팽배하다. 그러나 이웃에 대한 관심과 긍휼의 마음, 그리고 자기 희생 없이는 내 도움이 필요한 이웃을 사랑하고 도울 수 없다. 본질적으로 참된 믿음은 그에 상응하는 행위가 수반되는 것이다. 즉 보이는 형제도 사랑치 아니하는 자가 보지 못하는 하나님을 사랑할 수 없으며(요일 4:20-21), 지극히 작은 자(소외된 자)를 사랑하고 섬기는 것이 곧 주님을 사랑하고 섬기는 것이기 때문이다(마 25:40). 따라서 예수님을 믿는 성도는 하나님을 사랑할 뿐 아니라 이웃을 사랑해야 한다.

2. 율법사의 "내 이웃이 누구입니까?"라는 질문과 예수님의 "누가 강도 만난 자의 이웃이 되겠느냐?"는 질문을 비교해 봅시다. 율법사와 예수님의 이웃관은 어떻게 다릅니까? (눅 10:29, 36)

① 율법사의 질문 "내 이웃이 누구입니까?"
누가 내 이웃인지 확인한 후에 그 사람만 사랑하겠다. (한정된 이웃관)

② 예수님의 질문 "누가 강도 만난 자의 이웃이 되겠느냐?"
누구든지 나의 도움을 필요로 하는 사람에게 내가 이웃이 되어주어야 한다.
(무제한적 이웃관)

구약성서에서 이웃이란 이스라엘 공동체의 일원인 동족을 의미한다. 따라서 유대인들은 '이웃'의 의미를 동족, 같은 종교권에 있는 사람, 혹은 같은 유대인으로 제한하였다. 그런데 예수님은 민족적, 인종적 제한을 두고 있는 율법사의 이웃 개념을 타파하고 무제한적인 이웃사랑의 실천을 가르치셨다.

3. 사마리아인의 비유를 통해 알 수 있는 참된 이웃은 '도움을 필요로 하는 모든 사람에게 자비를 베푸는 사람'입니다. 이렇게 참된 이웃사랑을 실천하기 위해 우리는 어떠한 태도를 가져야 합니까?

'나'를 먼저 생각하는 이기적이고 자기중심적인 태도에서 벗어나서 이웃 중심, 즉 '내 도움이 필요한 사람'을 먼저 생각하는 이타적인 태도를 가져야 한다.

우리가 '나' 중심으로 살아가면 우리에게 도움을 구하는 사람들은 귀찮은 존재가 될 뿐이다. 율법사와 같이 '나'를 중심에 두고 이웃 사랑을 생각하는 사람도 참된 이웃 사랑을 실천할 수 없다. 참된 이웃 사랑을 실천하기 위해서는 자기중심적이고 이기적인 태도를 버리고 다른 사람을 먼저 생각하는 이타적이고 희생적인 태도를 가져야 한다. 즉 어려움에 처한 사람을 내 삶의 중심으로 여기고 인격적인 관심과 긍휼히 여기는 마음을 가지고 그를 도울 때 그의 진정한 이웃이 될 수 있다.

4. 기독교인으로서 당신은 이웃 사랑을 얼마나 실천하며 살아왔습니까? 다음 글을 읽고 이웃에 대해 무관심했던 우리의 모습을 반성하고, 이기주의와 무관심을 극복할 수 있는 방법이 무엇인지 생각해 봅시다.

> 내가 배고플 때 당신은 인도주의 클럽을 만들어 내 배고픔을 주제로 토론을 벌였습니다.
> 내가 헐벗었을 때 당신은 마음속으로 내 벗은 모습의 도덕성에 대해 논쟁을 벌였습니다.
> 내가 병들었을 때 당신은 무릎을 꿇고 당신이 건강한 것을 하나님께 감사드렸습니다.
> 내가 집 없이 떠돌아다닐 때 당신은 내게 하나님의 사랑의 은신처에 관한 설교를 해 주었습니다. 그러나 나를 집으로 데려다 주지는 않았습니다.
> 내가 외로울 때 당신은 나를 위해 기도하려고 나를 홀로 있게 했습니다.
> 당신은 너무나 거룩하고 하나님과 너무나 가까이 있지만,
> 나는 여전히 춥고 배고프고 외롭고 고통스럽습니다.
>
> 『내 인생을 바꾼 100가지 이야기 중에서』

서로의 이야기를 나누어 보도록 한다.

이웃을 사랑하는 것은 상대의 상태를 파악하여 그에 비해 나은 나의 상태에 대해 감사하는 것이 아니라, 내가 감사하는 조건을 가지고 그의 삶에 도움을 주는 것이다.
지금까지 편협하고 자기중심적인 이웃관을 가지고 내가 아는 사람, 나와 친하거나 내 마음에 드는 사람만 이웃으로 생각하지 않았는지, 내 마음에 들지 않거나 내가 모르는 사람에겐 무관심하거나 냉대하고 있지 않았는지 돌아보아야 한다. 또한 기독교인으로서 삶 속에서 생각과 말과 행동으로 하나님과 이웃을 얼마나 사랑

하려고 애썼는지 반성하고 회개해야 한다. 그리고 이웃관을 바르게 정립해서 이제부터라도 따뜻한 관심과 긍휼의 마음을 가지고 이웃을 섬기고 돌보는 참된 기독교인이 되어야 한다. 성숙한 기독교인으로서 내가 보여주는 작은 관심과 사랑이 때로는 사람을 살리는 힘이 되고, 힘들고 지친 이웃과 친구들에게 긍정적인 사고로 살아 갈 수 있는 힘이 되어줄 수 있을 것이다. 참된 이웃 사랑은 말과 혀로만 하는 것이 아니라 진실한 행함으로 하는 것이다(요일 3:18).

응답하기
평신도 양육교재

사랑으로 다가가기

1. 아래 글은 어느 해 겨울, 한 텔레비전 뉴스에서 보도된 내용입니다. 이 글을 읽고, 지금 '내'가 찾아가서 이웃이 되어주어야 할 사람은 누구인지 생각해 봅시다.

> 올해는 기습한파와 폭설이 예상된다는 기상청의 예보가 있었습니다. 그래서인지 여느 해보다 겨울의 무게가 훨씬 무겁게 시작되는 것 같은데요. 여기, 겨울의 짐을 함께 나누는 사람들이 모였습니다.
>
> 100% 후원으로 운영되고 있는 연탄은행에서는 연탄을 사용하는 어려운 계층을 위해서 연탄을 나눠주며 사랑의 실천운동을 펼치고 있다고 합니다. 대부분의 가정이 가스나 석유로 난방을 하고 있지만, 고유가 시대에 접어들어 연탄을 연료로 하는 가정이 늘고 있습니다. 안타깝게도 이 가정들은 대부분 언덕이나 산 같이 높은 지역에 있어서 연탄 값보다 배달비가 더 들기 때문에 연탄을 구입할 엄두도 내지 못합니다. 김화봉(74) 할아버지는 "1~2천 원 벌어서는 연탄을 뗄 수가 없어요. 이렇게 봉사해 주시니까 고맙고 감사하지요."라고 고마움을 표했습니다.

경기도 군포의 한 물류센터에 있는 컨테이너 박스 4개 분량의 이 이불들은 한 기업에서 어려운 이웃들을 위해 마련한 것이라고 합니다. 행사를 준비한 홈쇼핑 관계자의 말에 따르면, 겨울철에 많은 독거노인들이 이불이 부족하다는 얘기를 듣고 1만 명 분의 이불을 지원하고자 행사를 마련했다고 합니다.

이렇게 해서 이불이 배달된 서울 양평동의 김예순 할머니 댁에 찾아가 봤습니다. 가족들이 뿔뿔이 흩어진 후 두 번째로 맞는 겨울. 자식 걱정에 웃음을 잃었던 김예순 할머니, 복지사가 전달하는 두툼한 이불에 모처럼 표정이 밝아집니다. 나눌수록 커지는 사랑, 더해지는 희망. 영하의 추위도 고된 세상살이도, 이웃과 함께하는 사랑에는 꺾이고 만다는 것을 잊지 말아야겠습니다.

참된 이웃 사랑은 이웃을 배려하는 작은 마음이 싹틀 때 삶의 곳곳에서 일어난다. 거창한 봉사가 아니어도 된다. 조금만 관심을 기울이면 누구나 실천할 수 있다. 이웃 사랑은 멀리 있는 것이 아니다. 나의 주변에 있는 가난하고 소외된 자들을 생각하고 그들에게 관심을 가지는 것이다. 사마리아 사람을 선하다고 하는 것은 그가 그의 삶 한가운데서 강도 만난 자에게 다가가, 관심을 보이고 불쌍히 여겨 그 사람을 도와주었기 때문이다. 인도자는 학습자들이 자기 주변에 영적, 정신적, 물질적으로 도움이 필요한 사람이 누구인지, 또 그 사람을 위해 무엇을 도와줄 수 있는지 생각해보고 이야기하도록 유도한다.

2. 교회 혹은 주변에서 참된 이웃사랑을 실천하는 모임이나 활동이 있는지 찾아봅시다. 그리고 그 중 한 곳을 택하여 이웃사랑을 실천해 봅시다.

현재 봉사활동을 하고 있는 단체가 있다면 서로 이야기를 나누어 보고, 이후에 기회를 만들어 함께 봉사 활동에 참여하도록 한다.

이웃사랑 실천기관

1) 사랑의 장기기증 운동-장기기증이란 장기이식을 받으면 살 수 있는 말기 장기부전 환우에게 자신의 장기를 나누어줌으로써 생명을 살리는 운동이다.

☎ 02)363-2114, 홈페이지 : www.donor.or.kr

2) 밥퍼 나눔 운동: 밥퍼 나눔 운동본부는 다일공동체가 화해와 일치를 이루고 나눔과 섬김의 이웃사랑을 실천하기 위해 설립한 "사회복지법인 다일복지재단"산하의 무료급식 사역을 담당하는 조직이다.

☎ 02)2214-0365, 02)2214-0652, 홈페이지 : www.dail.org

3) 호스피스 봉사: 완치가 불가능하여 삶이 제한된 환자와 그 가족의 신체적, 정서적, 사회적, 영적 증상들을 팀으로 돌보아 그들의 삶의 질을 높여주는 의료 활동이다.

한국호스피스협회 ☎ 053-256-7893, 홈페이지 : www.hospicekorea.net

4) 사랑의 연탄은행: 영세 독거노인, 쪽방 거주자 등 빈곤층 주민들에게 연탄을 나누어주는 봉사 조직이다. 연탄후원은 1장에 500원, 100장에 5만원이다.

☎ 033)766-4933, 홈페이지 : www.babsang.or.kr로 신청하면 된다.

대답하여 이르되 네 마음을 다하며 목숨을 다하며 힘을 다하며 뜻을 다하여 주 너의 하나님을 사랑하고 또한 네 이웃을 네 자신 같이 사랑하라 하였나 이다 (눅 10:27)

결단의 기도 ....

사랑과 긍휼이 풍성하신 하나님, 주님을 믿는다고 하면서도 주님의 뜻대로 살지 못하고, 나 자신만을 생각하고 다른 사람의 아픔과 어려움에 관심을 갖지 못했던 저를 용서하여 주옵소서. 이제부터는 주님의 마음과 주님의 태도를 닮아가기를 소원합니다. 주님께서 사람들을 바라보시는 긍휼과 사랑의 눈으로 이웃을 바라보게 하옵소서. 한정된 이웃관과 이웃을 대하는 저의 잘못된 태도를 바꾸어 주옵소서. 강도 만난 자의 이웃이 되어주었던 사마리아인처럼 도움이 필요한 이웃에게 관심을 갖고 다가갈 수 있는 힘을 주시고 사랑을 베풀고 섬기는 삶을 살게 하여 주옵소서. 예수님의 이름으로 기도합니다. 아멘.

평가하기

평가항목	세부사항	그렇다	그저 그렇다	아니다
인도자의 준비도	인도자는 본 과의 교육목적을 이루기 위해 충분히 준비했습니까??			
교육목표의 성취도	학습자들이 자신의 잘못된 이웃관과 태도를 반성하고 이웃을 사랑하고 섬기는 삶을 살기로 결단했습니까?			
학습자의 참여도	학습자들이 진지하고 적극적인 태도로 성경공부에 임했습니까?			
성경공부의 분위기	성경공부를 진행하는 동안의 분위기가 자연스럽고 편안했습니까?			
기타 보완할 점	기타 보완할 점이나 건의사항이 있습니까?			

용서하는 사랑

교육주제 용서받은 자로서 다른 사람의 잘못을 용서하자.

배울말씀 마태복음 18장 21~35절

도울말씀 마 6:14-15, 골 3:13-14, 롬 12:17-21

새길말씀 서로 친절하게 하며 불쌍히 여기며 서로 용서하기를 하나님이 그리스도
안에서 너희를 용서하심과 같이 하라 (엡 4:32)

이룰 목표

① 용서에 대한 나의 현재의 자세를 알 수 있다.

② 용서는 무제한적인 것이며 하나님께 용서 받은 자로서 마땅히 해야 할 일임을 깨닫는다.

③ 용서는 내 안에 있는 분노와 상처로부터 자유로워지는 방법임을 깨닫고 용서하는 삶을 산다.

교육흐름표

20 min	20 min	40 min	40 min
관심	기억	반성	응답

교육진행표

구분	관심갖기	기억하기	반성하기	응답하기
제목	아름다운 용서	용서하지 않은 종	진정한 용서	용서의 기도
내용	고정원씨의 이야기 읽고 자신의 삶 돌아보기	빚을 탕감받은 종의 비유를 통해 자신이 용서 받은 자임을 자각하기	자신이 용서하기 어려운 대상 찾아보기	용서할 사람을 향해 기도문을 써서 기도 후 태우고, 연락하여 용서를 알린다.
방법	기사 읽고 이야기하기	성경 찾아 답하기	성경 찾아 답하기	기도문 쓰고 태우기
준비물		성경책	성경책	빨간 종이, 성냥, 화로
시간	20분	20분	40분	40분

말씀 이해

찰스 스탠리(Charles Stanley)는 그의 책 『용서』에서 "용서란 나에게 그릇된 행위를 한 누군가를 나에 대한 의무감이나 부담감으로부터 자유롭게 해주는 행위이다."라고 정의하였다. 이 말은 나에게 빚을 진 사람에게 그 빚을 갚을 의무를 면제해 준다는 의미이다. 그 빚은 물질적인 것이나 정신적인 것일 수도 있고, 마음의 상처나 곤혹을 치르게 한 형태일 수도 있다. 자신에게 상처와 고통을 준 사람을 용서하는 것이 쉬운 일은 아니다. 그러나 하나님은 모든 기독교인이 진정한 용서의 삶을 살기 원하신다. 본 과를 통해 용서에 대한 예수님의 가르침을 배운 후, 진정한 용서가 무엇이고 왜 용서해야 하는지 깨달아서 주님이 원하시는 용서의 삶을 살도록 한다.

1. 용서의 한계 (마 18:21, 22)

용서는 유대적인 관습이었을 뿐만 아니라 성경의 가르침이기 때문에 베드로는 용서의 의무를 잘 알고 있었다. 문제는 '얼마나 용서해야 하는가?'라는 것이었다. 그래서 베드로는 자신에게 범죄한 형제를 몇 번이나 용서해 주어야 하는지 예수님께 질문했다. 당시 유대인들은 일반적으로 세 번까지 용서해줄 수 있다고 여겼다. 베드로가 일곱 번 용서하면 되겠느냐고 물었을 때, 그것은 유대인들의 기준을 훨씬 넘어서는 것이다. 그런데 예수님은 그런 베드로에게 '일흔 번씩 일곱 번'이라도 용서하라고 말씀하셨다. '일흔 번씩 일곱 번'은 대상을 향한 무한한 '사랑'에서 우러나오는 무제한적인 용서를 의미한다. 이와 같이 예수님은 인간의 추악한 본성이 지닌 무제한적인 복수심을 무제한적인 사랑과 용서로 대치시키셨다.

용서는 우리 안에 품고 있는 상처와 분노로부터 자유롭게 되는 것이다. 그런데 다른 사람을 용서하는 일이 쉬운 일은 아니다. 우리는 용서해야 한다는 것을 알면서도 그렇게 하지 못하는 인간의 연약함을 경험한다. 왜냐하면 용서에는 아픔과 고통이 뒤따르기 때문이다. 용서는 나 자신과 하나님, 그리고 타인과의 실패한 관계를 돌아보는 일이다. 사람과의 관계로 인한 마음의 상처는 쉽게 아물지 않으며, 실망과 미움과 분노와 모욕감이 사람의 마음에 독을 품게 한다. 이 독소가 삶 전체에 스며들면 하나님과 다른 사람들로부터 분리되게 만들뿐 아니라 영적, 정서적 행복과 육체의 건강까지 파괴한다. 인간의 연약함과 고통에서 벗어나서 진정한 자유함을 누리기 위해서는 자신에게 고통을 주는 대상을 용서해야 한다.

2. 왜 용서해야 하는가? (마 18:23-34)

우리가 누군가를 용서해야 하는 근거와 이유는 자신의 탁월한 도덕성이나 의지에 있는 것이 아니라 하나님께 받은 용서에서 기인한다. 예수님은 본문의 비유를 통해 하나님이 우리를 용서해 주심같이 우리도 다른 사람을 용서해야 한다고 알려주신다. 또한 예수님은 본문 말씀에서 과장된 신분과 금액을 예로 드셔서 인간이 하나님께 용서를 받은 것이 얼마나 큰 은혜인가를 상징적으로 보여 주신다. 용서받은 사람이 자신을 용서해준 이에게 감사하고 자신도 용서하는 마음을 갖는 것은 당연한 일이다. 하나님의 용서는 그 용서를 믿고 받아들인 사람의 삶의 변화와 실천을 이끌어내는 능력있는 용서이다. 그러나 오늘 말씀의 비유에 등장하는 사람은 자신이 용서받았음에도 불구하고 용서받은 사실에 대해 감사하지 않는 사람으로 묘사되고 있다. 그는 자신은 큰 은혜를 받았으면서도 이웃의 작은 잘못조차 용서하지 않는 무자비한 사람이다.

예수님은 이 비유를 통하여 용서하시는 하나님의 사랑에 대해 말씀하신다. 그리고 용서받은 자로서 다른 사람을 용서하는 삶을 살기를 원하신다. 우리는 영원히 못 다 갚을 죄의 빚과 용서의 빚을 동시에 진 사람들이다. 만일, 용서의 은혜를 믿는다고 하면서 용서할 줄 모른다면 배은망덕한 종이거나 하나님의 사랑을 참으로 깨닫지 못한 자라고 할 수밖에 없다. 이러한 사람은 결국 하나님의 분노 아래 놓이게 된다. 그리고 심판의 날에 하나님의 용서를 받지 못할 사람으로 등장하게 될 것이다(마 6:15).

3. 마음 깊이 형제를 용서하라. (마 18:35)

예수님은 35절 말씀을 통해서, 이 이야기가 바로 하나님과 인간 사이의 죄의 용서 문제와 인간과 인간 사이의 용서 문제에 관한 것임을 깨닫게 하신다. 인간은 모두 하나님 앞에 일만 달란트 빚진 자와 같다. 하나님은 아무 조건 없이 우리의 죄를 용서하셨고(롬 3:24, 엡 2:8), 예수 그리스도의 십자가 희생을 통해 그 대가를 지불하셨다(요일 4:10). 하나님은 누구든지 당신의 사랑과 용서를 믿고 받아들여 죄에서 자유케 되기를 원하신다. 또한 용서받은 자로서 서로 용납하고 용서하기를 원하신다.

그렇다면 다른 사람을 용서하는 태도는 어떠해야 하는가? 우리는 위선이나 가식을 배제한 참마음으로 용서를 해야 한다. 분을 품고 베푸는 용서는 참된 용서가 아니다. 진정한 용서는 "아무에게도 악으로 악을 갚지 않고, 선으로 악을 이기는 것이며(롬 12:17, 21)", "원수까지도 사랑하고 핍박하는 자를 위하여 기도하는 것(마 5:44)"이다. 실제로 주님은 십자가에서 자신을 죽이려는 사람들을 위해 "아버지여, 저희를 사하여 주옵소서. 자기의 하는 것을 알지 못함이니이다(눅 23:24)."라고 기도하심으로써 이러한 용서의 본을 보이셨다.

용서받고 용서하는 것은 특별한 은혜와 축복이다. 하지만 이러한 용서의 능력은 하루 아침에 저절로 형성되지 않는다. 하나님의 용서에 진정으로 감사하는 사람만이 진정한 용서를 할 수 있다. 하나님의 은혜를 진정으로 경험했다면, 일생을 빚진 자의 마음으로 다른 사람의 실수와 잘못을 용서하는 삶을 살아야 한다.

용어, 지명 해설

· 일만 달란트와 일백 데나리온 : 예수님 당시의 달란트는 유대와 로마 사회에서 통용되던 화폐 단위 중 가장 큰 것이었다. 1달란트는 노동자 한 사람의 하루 품삯인 1데나리온의 약 6,000배에 상당하는 것이었다. 따라서 일만 달란트의 빚은 인간 스스로는 도저히 갚을 수 없을 정도로 큰 죄악을 상징한다고 볼 수 있다. 한편 일백 데나리온은 일만 달란트의 60만분의 1밖에 되지 않는다.

· 탕감 : 빚을 완전히 면제해 주는 것. 이 말(헬라어 '아페켄')이 마태복음 6장 12절에서는 '죄를 용서해주는 것'으로 사용되었다. 그리고 마태복음 6장 12절의 '죄 지은 자'는 마태복음 18장 24절에서 '빚진 자'로 표현되었다. 이처럼 '빚'과 '죄', '탕감해주는 것'과 '용서해주는 것'이 서로 대체되어 사용되었다.

관심갖기

평신도 양육교재

아름다운 용서

다음에 나오는 이야기를 읽고 질문에 대답해 봅시다.

'현대판 손양원' 고정원 씨의 지고한 사랑, "용서"

엽기살인마 유영철의 연쇄살인 행각에 가족 셋을 한꺼번에 잃고도 그를 용서한 후 양자로 삼겠다는 사람이 있어 훈훈한 화제를 불러일으키고 있다. 고정원(64) 씨는 유영철에 의해 노모와 아내, 그리고 4대 독자인 아들을 잃었다. 고 씨는 서울 종로구 구기동에 자신이 직접 설계하고 건축한 집에서 노모(당시 85세)를 모시고 아내와 아들과 함께 단란한 가정을 꾸리고 있었다. 그런데 2003년 10월 9일, 유 씨가 휘두른 흉기에 의해 가족이 무참히 살해됐다. 빌딩 주차관리원으로 일하던 고 씨는 퇴근 후 평생 지울 수 없는 참담한 현장을 직접 목격한 뒤 '얼굴 없는 범인'을 향한 분노에 밤잠을 이룰 수 없었다고 한다. 도대체 왜 이런 일이 자신에게 일어났는지 세상이 온통 원망스럽기만 했다. 그리고 그토록 찾았던 범인이 자신의 가족과 아무 관계가 없는 유 씨로 밝혀지자, 고 씨는 자살을 결심하기도 했다. 그러나 결국 고 씨는 서울지방경찰청장과 재판부 앞으로 각각 편지를 보내 '사형만은 면하게 해 달라'고 유영철에 대한 선처를 호소했다. 그리고 이후에 "내 가족과 아들을 죽인 자이지만 하나님의 뜻으로 생각하고 그를 양자로 삼고 싶다."며 세상을 또 한 번 놀라게 했다. 그는 유 씨의 아들과 딸을 친손자, 친손녀처럼 돌봐주고 싶다는 의견도 피력했다. 유 씨는 고 씨의 마음을 전해

듣고 나서 자신을 교화시키려고 애써 온 조성애 수녀에게 보낸 참회 편지에서 고 씨에 대한 고마움을 표시했다.

"고정원 님처럼 사랑의 끝이 어디까지인가를 보여주시는 분이 계시기에 그저 놀라울 뿐입니다. 그분과 인연을 맺고 계시다니 나중에라도 이 못난 사람의 글 좀 전해 주십시오. 너무나 죄송하고 감사한 마음에 놀랄 수도 없을 정도로 많은 감동이 앞섭니다." (www.kidok.net)

1. 위의 이야기를 읽고 난 후 어떤 느낌이 드시나요? 만일 당신이 고정원 씨와 같은 상황에 처한다면 어떻게 행동하시겠습니까?

   각자의 생각을 나누어본다.

2. 당신에게 있어서 용서하는 일은 쉽습니까, 아니면 어렵습니까? 그 이유는 무엇입니까?

   각자의 생각을 나눈다.

   우리의 삶의 현장은 미움과 분노와 싸움으로 가득하다. 이런 곳에서 살아가는 기독교인들은 위와 같은 심각한 고통의 상황까지는 아니더라도 어느 순간 누군가를 용서해야 할 상황에 직면하게 된다. 우리는 "우리가 우리에게 죄 지은 자를 사하여준 것 같이 우리의 죄를 사하여 주옵시고"라고 늘 고백한다. 그런데 막상 용서해야 할 순간에 부딪힐 때, "도대체 용서하고 싶지도 않고, 용서할 수도 없다!"라고 퉁명스럽게 외치고 있지는 않은지 스스로를 돌아볼 필요가 있다.

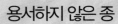

1. 베드로가 생각한 용서의 횟수와 예수님이 말씀하신 용서의 횟수의 차이점은 무엇입니까? (마 18:21, 22)

베드로: 일곱 번까지 용서함 (유대 전통인 3번보다는 너그럽지만 그래도 제한적인
　　　　용서이다.)
예수님: 일곱 번 뿐 아니라 일흔 번씩 일곱 번이라도 용서해라 (무제한적인 용서이다.)

세 번까지 잘못을 용서해주는 유대인의 전통에 비교 할 때, 베드로의 제안은 매우 관용적인 것이었다. 아마도 베드로는 이런 적극적인 제안을 함으로써 자신이 얼마나 관대한 사람인지를 나타내고자 했을 것이다. 그런데 마땅히 칭찬해주실 것이라고 생각했던 베드로의 기대와 달리 예수님의 답변은 그의 제안을 훨씬 뛰어넘는 것이었다. 즉 일흔 번씩 일곱 번이라도 용서하라고 하심으로써 다른 사람을 용서하는 것에 한계를 두지 말라고 말씀하셨다.

2. 본문의 비유에서는 다른 사람을 용서해주는 것을 어떻게 묘사하고 있습니까? (마 18:27)

빚을 탕감하여 주는 것

찰스 스탠리가 "용서란 나에게 그릇된 행위를 한 누군가에게 나에 대한 의무감이나 부담감으로부터 자유롭게 해주는 행위이다."라고 정의한 것은 나에게 빚을 진 사람에게 그 빚을 갚을 의무를 면제해 준다는 의미이다. 그 빚은 물질적인 것이나 정신적인 것일 수도 있고, 마음의 상처나 곤혹을 치르는 형태를 취하기도 한다.

3. 일만 달란트에 달하는 빚을 모두 탕감해 준 주인이 노하여 그 종에게 벌을 내
   린 이유는 무엇입니까? (마 18:33)

   주인으로부터 빚을 탕감받은 종이 그 은혜를 잊고서 자신보다 적은 빚을 진 자기
   동료에게 무자비하게 대했으므로

   예수님의 이야기는 우리가 하나님 앞에 얼마나 큰 죄인이고, 하나님께 얼마나 많
   은 용서를 받았는지 깨닫게 해준다. 또한 이 이야기는 하나님의 용서가 우리의 삶
   속에서도 이루어져야 한다고 강조하고 있다. 즉 하나님은 용서하는 사랑이 우리
   의 삶을 통하여 다른 이웃에게까지 퍼져가기를 원하신다.

4. 하나님께 용서받은 자로서 다른 사람을 진심으로 용서하지 않으면 어떤 결과
   가 생길까요? (마 18:35)

   하나님 아버지께서도 그 사람을 용서하지 않으실 것이다.

   비유에 등장하는 왕은 하나님을, 왕으로부터 빚을 탕감받은 종은 나를, 그리고
   종의 동료는 우리들의 이웃을 상징한다. 또한 '셈을 가리는 것'은 그리스도의 심
   판을 상징한다(고후 5:10; 롬 14:10). 따라서 진심으로 다른 사람을 용서하지 않
   는 사람은 마지막 심판의 날에 하나님의 용서를 받지 못할 사람으로 여겨질 것이
   다(마 6:15).

반성하기

평신도 양육교재

진정한 용서

1. 진심으로 형제를 용서한다는 것은 무엇을 의미합니까?

   위선이나 가식을 배제하고 진실된 마음을 바탕으로 하는 용서이다. 따라서 억지로
   하거나 분을 품고 하는 용서는 참된 용서가 아니다.

2. 나에게 상처와 고통을 준 사람을 용서하는 일이 쉽지는 않습니다. 그럼에도 내
   가 다른 사람을 용서해야 하는 근거(이유)는 무엇입니까? (엡 4:32; 골 3:13)

   하나님께서 예수 그리스도를 통해 먼저 우리의 죄를 용서해주셨기 때문이다.

   우리가 누군가를 용서해야 하는 이유는 우리 자신의 도덕성이나 의지에 있는 것
   이 아니라 예수 그리스도의 십자가를 통해 얻은 하나님의 용서와 사랑에 있다. 모
   든 사람은 '일만 달란트 빚진 종'처럼 탕감 받을 수 없는 죄의 빚을 진 자들이었다.
   그런데 '그리스도의 십자가를 통해 용서받고 하나님과 관계를 회복할 수 있었다.
   그분께 우리는 용서를 받을 자격이 없었지만 예수님께서 필요한 죄 값을 치르셔
   서 그 용서를 정당한 것으로 만드셨다. 우리가 그분께 용서의 은혜를 누렸기에 우
   리도 당연히 용서하는 삶을 살아야 한다(마 6:14-15). 그러나 이것이 하나님의 용
   서가 사람의 용서에 따라 좌우된다고 말하는 것은 아니다. 하나님의 용서는 인격
   적이신 하나님의 특성을 표현하는 것이고, 우리가 행해야 할 용서는 용서받은 사
   람의 인격적인 응답인 것이다. 하나님의 용서는 그 용서를 믿고 받아들인 사람의
   삶을 변화시키고 실천을 이끌어내는 능력이 있는 용서이다. 따라서 하나님의 용
   서와 사랑을 체험했다면(요일 4:10) 그 사랑을 실천하는 자가 되어야 한다.

3. 예수님은 하나님께서 우리를 용서하신 것 같이 우리도 다른 사람을 용서하라고 말씀하십니다. 그렇다면 용서 받은 자로서 우리가 할 수 있는 가장 어렵고도 큰 용서는 무엇일까요? (마 5:44)

나의 원수까지도 사랑하고 나를 핍박하는 자를 위하여 기도하는 것

미국의 유명한 심리학자인 아치볼드 하트(Archibald D. Hart)는 "용서란 나를 해친 사람에게 내가 원수 갚을 수 있는 권리를 포기하는 것"이라고 말했다. 분명히 원수를 갚을 수 있는 능력이 있음에도 그 권리를 포기하는 것이 진정한 용서다. 실제로 주님은 십자가에서 자신을 죽이려는 사람들을 위해 "아버지여, 저희를 사하여 주옵소서. 자기의 하는 것을 알지 못함이니이다(눅 23:24)."라고 기도하심으로써 이러한 용서의 본을 보이셨다. 이와 같이 가장 큰 용서는 용서할 수 없는 사람을 용서하고 그를 위해 기도하는 것이다. 기독교인들은 자신의 원수에게 직접 원수를 갚으려 하지 말고 그를 하나님의 진노하심에 맡김으로 선으로 악을 이겨야 한다(롬 12:17-21).

4. 당신은 하나님의 용서를 받은 자답게 살고 있습니까? 당신이 가장 용서하기 어려운 대상은 누구이고 그 이유는 무엇입니까?

각자의 생각을 나누어본다.

만일 형제가 우리에게 죄를 범한 후에 우리에게 와서 용서를 구하면, 우리는 기꺼이 그를 용서해 주어야 한다. 그런데 사실 우리는 우리 힘만으로는 범죄한 형제를 용서하기가 어렵다. 그러기에 성령의 도우심을 간구해야 한다. 성령께서 범죄한 형제를 용서할 수 있는 마음을 주신다. 용서하기 어려운 사람을 만났을 때에 성령께 용서할 수 있는 마음을 달라고 기도하자. 그러면 성령께서 우리에게 힘을 주실 것이다.

자신에게 상처와 아픔을 준 누군가를 용서하지 못하고 그 상처와 고통을 지닌 채 살아가는 사람은 온전한 기독교인의 삶을 살 수 없다. 용서는 내 안에 품고 있는 분노와 상처로부터 자유롭게 되는 방법이다. 따라서 하나님이 나를 용서하신 것처럼 다른 사람을 용서하고 나를 괴롭혀온 상처와 고통으로부터 자유함을 얻고, 성령의 능력을 힘입어 하나님의 용서와 사랑을 전하는 용서의 통로가 되어야 한다.

> **함께읽기** 신학자 트레이너(M. Trainer)가 용서를 세 가지로 정리해 놓았다.
>
> 1) 역할 기대적 용서(role-expected forgiveness): 주위에서 용서하기를 기대하기 때문에 용서하는 것으로, 겉으로는 용서하는 행동을 보이지만 내부적으로는 불안, 두려움, 분노 등이 남아있는 용서이다.
> 2) 방편적 용서(expedient forgiveness): 상대방을 처벌하는 한 가지 방편으로 용서를 이용하는 것으로, 이 역시 겉으로는 용서하는 행동을 보이지만 내부적으로는 상대방에 대해 멸시와 적의를 가지는 경우이다.
> 3) 본질적인 용서(intrinsic forgiveness): 진정한 용서로, 내게 상처를 입힌 사람에게 호의적인 행동을 보일 뿐만 아니라, 태도나 감정에서도 내적인 변화가 일어나는 것을 의미한다. 즉 용서는 무조건적으로 이루어져야 하는 것으로, 행동뿐만 아니라 정서나 사고가 긍정적인 방향으로 변하는 것을 의미한다. 또한 상대방의 입장에서 생각하면서 상대방을 이해하고 사랑하려고 노력하는 등의 능동적인 방법을 사용해야 한다고 본다.

평신도 양육교재
응답하기
용서의 기도

주어진 설명에 따라 용서의 기도를 드리는 시간을 진행해 봅시다.

준비물
빨강색 하트 모양의 종이, 필기도구, 성냥이나 라이터, 작은 화로(화로가 없을 때는 스테인리스 그릇을 쿠킹호일로 싸서 종이를 태울 수 있는 그릇을 준비합니다.)

진행방법

1. 각자 빨간색 하트 모양의 종이를 한 장씩 받습니다.
2. 자신이 용서해야 할 사람(혹은 지금까지 용서하지 못하고 있는 사람)을 생각한 후, 그 사람을 용서하게 해달라고 기도문을 씁니다.
3. 다 같이 둥글게 원을 만들고 가운데에 그릇을 놓은 뒤, 자신의 기도문을 접어서 그릇에 담습니다.
4. 한 사람이 나와 그릇에 있는 편지들에 불을 붙여 태웁니다.
5. 그릇에 있는 편지들이 타는 동안 자신의 기도문대로 그 사람을 용서하여 상처와 고통에서 벗어나게 해 달라고 간절히 기도합니다.
6. 통성기도 후에 인도자가 대표로 기도하고 마칩니다.
7. 한 주간 동안 마음속으로 미워했던 그 사람에게 용서와 화해를 구하는 편지를 쓰거나 전화 혹은 문자 메시지를 보내는 과제를 합니다.

진행을 위하여

1. 본 활동을 할 때는 개인적인 비밀 유지를 위해 조명을 어둡게 하고 잔잔한 음악을 틀어주는 것이 좋다.
2. 혹시 학습자들 중 글씨 쓰는 것이 서툴거나 어려운 사람이 있으면 아래의 기도문에 그 이름만 쓰고 빨간 하트종이를 바라보며 마음속으로 생각하면서 기도하도록 유도한다.
3. 기도문 예

> 하나님,
> 죽을 수밖에 없는 저를 긍휼히 여기사 저의 죄를 용서하시고 구원해주신 은혜에 감사드립니다. 주님께서 저에게 용서가 무엇인지 가르쳐 주셨습니다. 주님이 저를 조건 없이 사랑해 주셨는데 저는 저 자신만 생각하고 저의

입장만 고집하여 다른 사람들을 용서하지 못했습니다.

　　그러나 이제는 예수 그리스도의 이름으로 ＿＿＿＿＿을(를) 용서하기를 원합니다. 내 안에 있는 상처와 아픔으로 인해 그(그녀)를 용서하는 것이 쉽지는 않지만 주님께서 그렇게 하라고 하셨기에, 또한 나 자신이 그보다 더 큰 사랑과 용서를 받았기에 그(그녀)를 용서하려고 합니다. 주님, 저를 도와주시옵소서. 성령께서 제 마음과 생각을 붙들어주시고, 용서를 통해 제 마음의 상처와 고통에서 자유함을 얻게 하옵소서. 예수님의 이름으로 기도합니다. 아멘.

함께읽기 [하나님의 자유의 손길] 찰스 스탠리

용서하지 말았어야 할 가장 큰 이유를 지닌 자가 용서하기 위해 가장 큰 대가를 지불했습니다.

예수님은 용서하는 것을 가능케 하기 위해 죽으셨습니다.

그리고 이를 통해 하나님은 당신을 용서하셨습니다.

우리에게 있어서 용서는 단순히 정신적인 결정에 불과합니다.

그러나 그리스도에게 있어서 그것은 생사가 달린 결정이었습니다.

그는 당신에게 생명을 주기 위해 죽음을 택하셨습니다.

만일 그리스도께서 당신이 그에게 진 빚을 탕감해 주셨다면 당신이 무엇이기에 남이 당신에게 진 빚을 탕감하기를 거절하겠습니까?

더욱이 당신이 당한 고통을 끌어안고 있다 하여 무엇이 유익하겠습니까? 그 고통을 지금 당장 벗어 던지는 것이 더욱 유익하지 않겠습니까?

새길말씀 외우기 ···

　　서로 친절하게 하며 불쌍히 여기며 서로 용서하기를 하나님이 그리스도 안에서 너희를 용서하심과 같이 하라 (엡 4:32)

결단의 기도

거룩하시고 자비로우신 하나님, 죽을 수밖에 없는 저를 긍휼히 여기시고 사랑하시어 예수 그리스도를 통해 저의 죄를 용서하시고 구원해주신 은혜에 감사를 드립니다. 그런데 그 크신 은혜와 용서를 받았음에도 때때로 다른 사람을 용서하지 못하고 상처받고 미워하고 분노했던 저를 용서해주시옵소서. 하나님이 얼마나 큰 용서를 베풀어주셨는지, 큰 죄인인 제가 얼마나 큰 은혜를 입었는지 다시 한번 깨닫게 하시니 감사합니다. 이제 주께서 말씀하신 것처럼 용서하는 삶을 살기를 원합니다. 저의 하루하루의 삶 속에서 형제를 용서할 수 있는 마음을 허락하시고 제 안에 용서의 기쁨이 있게 하옵소서. 예수님의 이름으로 기도합니다. 아멘.

평신도 양육교재
평가하기

평가항목	세부사항	그렇다	그저 그렇다	아니다
인도자의 준비도	인도자는 본 과의 교육목적을 이루기 위해 충분히 준비했습니까??			
교육목표의 성취도	학습자들이 용서받은 자로 살지 못한 자신을 반성하고 주님이 하셨듯이 용서의 삶을 살기로 결단했습니까?			
학습자의 참여도	학습자들이 진지하고 적극적인 태도로 성경공부에 임했습니까?			
성경공부의 분위기	성경공부를 진행하는 동안의 분위기가 자연스럽고 편안했습니까?			
기타 보완할 점	기타 보완할 점이나 건의사항이 있습니까?			

사랑으로 하나되는 교회

교육주제 그리스도 안에서 하나됨을 힘써 지키자.

배울말씀 고린도전서 12장 12-27절

도울말씀 고전 1:10-18, 엡 4:11-16

새길말씀 몸이 하나요 성령도 한 분이시니 이와 같이 너희가 부르심의 한 소망 안에서 부르심을 받았느니라 (엡 4:4)

이룰 목표

① 교회 안에서의 분열이 교회의 가장 큰 문제임을 안다.

② 교회는 그리스도의 몸이며, 각 지체들은 서로 협력해야 할 유기적 존재임을 깨닫는다.

③ 교회의 하나됨의 근거와 목적을 알고, 서로 협력하여 교회를 세워나가는 지체로서의 삶을 산다.

교육흐름표

20 min	20 min	40 min	40 min
관심	기억	반성	응답

교육진행표

구분	관심갖기	기억하기	반성하기	응답하기
제목	분열, 교회의 아킬레스건	다양성 속의 일치	힘써 하나되자	애찬식 & 중보기도
내용	분열된 교회 이야기를 읽고 분열이 교회에 미치는 영향을 살펴본다.	고린도교회의 분열의 원인을 살펴보고 성도들이 상호 협력관계임을 확인한다.	교회가 그리스도의 몸으로서 하나가 되기 위한 방안을 찾아본다.	애찬식과 중보기도를 통해 학습자들이 한 교회의 몸을 이루는 지체임을 깨닫는다.
방법	예화 읽고 이야기하기	성경 찾아 답하기	성경 찾아 답하기	의식과 기도
준비물	고린도 교회 사진	성경책	성경책	포도음료와 식빵(덩어리)
시간	20분	20분	40분	40분

교회가 얼마나 영적으로 건강하고 성숙한지 알아 보는 방법이 있다. 그 교회의 구성원 한 사람 한 사람이 교회를 얼마나 사랑하고 헌신하는지, 또한 다른 지체들을 얼마나 사랑하고 섬기는지를 보는 것이다. 그것을 가리켜서 지체의식(membership)이라고 한다. 어느 공동체든지 지체의식이 강한 사람들이 모여 있으면 부흥하고 성장하게 되어 있다. 왜냐하면 지체의식을 가진 사람만이 소속감과 책임감을 가지고 그 공동체를 자기 몸같이 사랑하고 공동체에 헌신하기 때문이다. 그러나 지체의식이 불투명하고 자기중심적인 사람들이 모여 있는 공동체는 다툼과 분열이 생겨 점점 쇠락의 길을 걸어간다. 따라서 교회를 섬기는 성도들 사이에 꼭 필요한 것이 바로 지체의식이다. 바울은 교회를 그리스도의 몸으로, 성도들을 그 몸의 각 지체로 설명하면서 그리스도 안에서 하나가 될 것을 강조하고 있다.

1. 교회의 분열 문제

하나님은 교회가 거룩하고 하나되기를 원하신다. 그럼에도 불구하고 교회가 저지르기 가장 쉬운 죄가 바로 다툼과 분열이다. 인간의 이기심이 얼마나 강한 것인지를 알 수 있다. 고린도교회도 다툼과 분열로 어려움을 겪고 있었다(고전 1:10). 그들은 "누구에게 세례를 받았는가?"라는 문제로 바울파, 아볼로파, 게바파, 그리스도파 등으로 분열하여 다투었다. 이는 고린도교회 성도들이 믿음의 토대인 그리스도의 대속(고전 1:13)을 잊어버린 채 부차적인 문제에 더 골몰하였기 때문이다. 바울은 이 소식을 듣고 고린도교회 성도들에게 같은 마음과 같은 뜻으로 온전히 합하라고 권면했다(고전 1:10). 바울은 12장에 이르러 교회 안에서 일어나는 다툼과 분열의 문제를 좀 더 자세하게 다루고 있다. 그 문제는 주로 성도들이 갖고 있는 다양한 은사들 때문에 일어난 다툼이었다. 당시 고린도교회 성도들 중에는 자신이 맡은 직분이나 성령의 은사에 대해 열등감을 가진 이들이 있었다. 그들의 비교의식과 열등감이 하나님께서 자신에게 주신 은사에 대한 소중함을 깨닫지 못하게 했고, 더 나아가 다른 지체의 아픔과 고통을 함께하고 해결하기 위해 동참하는 지체의식까지 사라지게 만들었다. 이런 공동체에서는 다툼과 분쟁으로 인해 서로를 해치는 결과만 나타날 뿐이다.

하나님께서 성도들에게 여러 가지 성령의 은사들을 주신 목적은 서로 비교하거나 자랑하게 하기 위함이 아니라 그리스도의 몸 된 교회를 유익하게 하기 위함이다(고전 12:7). 교회는 성령의 은사를 두고 서로 비교하거나 다투어서는 안 된다. 교회 안에 있는 다양한 은사들은 유기적으로 조화되고 통일을 이루어 교회를 유익하게 하는 데 사용되어야 한다. 바울은 교회 안에서 다툼과 분쟁이 일어나는 원인은 그들이 육신에 속하여 사람을 따라 행하기 때문이라고 책망했다(고전 3:3). 여기서 '육신에 속한 자'는 그리스도에 대한 신앙을 가졌으나 믿기 이전의 세속적인 사고방식을 버리지 못한 미숙한 신앙인을 일컫는다. 그런데 그 배후에는 교회를 하나되지 못하게 하고 분열되게 하는 사탄(마귀)의 방해가 있다. '마귀'의 헬라어 단어(diabolos) 자체가 '분열시키는 자', 또는 '이간질하는 자'라는 의미를 가지고 있다. 따라서 성도들은 교회를 분열시키고 성도들 사이를 이간질시키려는 마귀의 속임수에 속아 넘어가지 않도록 늘 조심해야 한다.

2 다양성 속의 일치

바울은 교회를 인간의 몸으로 비유한다. 즉 교회는 하나의 몸으로, 각 기관이 각각의 기능과 역할을 충실히 해야 한다는 것이다. 다양한 성격, 신분, 나이와 환경을 가진 사람들로 인해 교회 안에서 갈등이 일어나고, 다툼과 분쟁이 일어나기도 한다. 그러나 이 다양성이 조화를 이룰 때 참으로 아름답고 역동적인 그리스도의 생명력이 나타나는 교회가 될 수 있다. 지체의 다양성은 그 몸의 효용성과 밀접한 관계를 갖는다. 바울은 몸의 지체들 각각이 가지고 있는 중요성에 대해서 설명하고자 손과 발, 그리고 눈과 귀를 대비시키고 있다(고전 12:15-16). 그는 중요하게 여겨지는 손과 눈에 비해 덜 중요하게 여겨지는 발과 귀가 불평하는 것을 예로 들어 고린도 교인들의 잘못된 가치관을 바로잡으려 한다. 하나님은 몸을 고르게 하여 부족한 지체에게 존귀를 더하셨고, 몸 가운데서 분쟁이 없고 오직 여러 지체들이 서로 같이 하여 돌아보게 하셨다(고전 12:24-25). 이것은 몸의 지체들이 상호대립관계가 아니라 상호협력관계에 있음을 보여준다.

한편, 바울은 지체의 다양성을 인정하는 동시에 통일성을 강조한다. 모든 기독교인들은 한 성령으로 세례를 받음으로 성령 안에서 혈육보다 더 밀접한 관계를 맺는 하나의 영적 유기체가 되었다. 따라서 그리스도의 몸인 교회 안에서 각 지체들은 은사는 다양할 수 있지만 그리스도를 머리로 하여 하나의 통일된 교회로 존재해야 한다. 교회의 통일성은 이러한 상호 관계 속에서 이루어지는 것으로, 성도는 교회를 한 몸으로 세우신 하나님의 목적에 순종함으로 교회의 참된 지체가 될 수 있다. 이것은 단지 윤리적 일치나 제도적 일치가 아니라 보이지 않는 영적 현상이다. 이는 성령 안에서 그리스도를 통하여 활동하시는 성삼위 하나님의 일체되심에서 비롯된다(엡 4:4-6). 모든 성도들은 다양성 속에서도 단일성과 공통성을 유지하는 그리스도의 몸으로서 성도들이 상호대립의 관계가 아닌 상호보완적이고 협력하는 관계임을 깨닫고, 각 지체의 존재와 역할을 인정하고 존중해야 한다.

3. 사랑으로 하나되는 교회

하나님이 교회 안에 다양한 지체(직분, 은사)들을 두신 목적은 성도를 온전케 하며 봉사의 일을 하게 하며 그리스도의 몸을 세우기 위해서이다(엡 4:12). '성도를 온전케 한다는 것'은 복음을 선포하고 가르치는 목적을 실현하며 성도들이 온전케 되도록 회복시키고 훈련시키는 것을 의미한다(고전 1:10; 살전 3:10). 또한 '봉사의 일을 하게 한다는 것'은 교회의 구성원들이 각자의 직분이나 기능을 감당할 수 있도록 '틀'을 제공하여 회복과 훈련을 통해 온전케 된 성도들이 하나되는 사역을 감당하도록 도와주는 것이다(벧전 2:4, 5). 마지막으로 '그리스도의 몸을 세운다는 것'은 그리스도께서 은사와 직분을 주신 궁극적인 목적으로, 성도 각자가 은사와 직분을 사용하여 교회를 성장시키고 온 성도들을 영적으로 성장시키는 것을 의미한다. 이러한 목적을 온전히 이루기 위해서 교회의 모든 지체들이 그리스도 안에서 하나가 되어야 한다. 하나됨을 지향하는 삶이란 사람들이 가지고 있는 각자의 차이(인종, 국가, 문화, 성별, 나이, 직업, 신분, 학력, 빈부, 신앙의 경력과 색깔 등)에서 오는 갈등과 문제를 그리스도 안에서 극복하여 마음과 삶이 하나되는 것을 말한다. 하지만 이것이 결코 쉽지 않다는 사실은 누구나 인정할 것이다. 그렇다면 문제는 복음의 진리 안에서 이 하나됨의 비전을 어떻게 이루어갈 것인가 하는 것이다.

사도 바울은 '평안의 매는 줄로 성령의 하나됨(엡 4:3)'을 힘써 지키라고 말씀하고 있다. '평안의 매는 줄'이 하나됨의 생활을 지속적으로 유지시킬 수 있다. '평안'은 하나님께서 주신 일치가 분열하지 않도록 보호해 주는 역할을 한다. 또한 '매는 줄'은 성도들을 묶어 주는 사랑을 상징적으로 표현한 것이다. 따라서 '사랑'이 교회 공동체를 하나되게 하고, 각 지체들을 하나로 묶을 수 있다(골 3:14). 진정한 신앙의 힘은 그리스도의 사랑으로 하나되는 것이다(고전 16:14). 하나님은 여러 지체들이 그리스도의 사랑으로 하나되어 서로 돕고 협력하여 그리스도의 몸인 교회를 사랑 안에서 아름답게 세우고 자라게 하기를 원하신다(엡 4:16). 그러나 이러한 하나됨은 인간의 힘만으로는 불가능하다. 오직 성령의 역사하심으로만 가능하다. 하나님이 그것을 약속하셨다. 바로 여기에 우리의 궁극적 소망이 있는 것이다.

용어, 지명 해설

· 고린도교회(사진 자료) : 고린도는 그리스의 항구도시이자 상업과 무역이 번창한 상업 도시로, 빈부의 차이가 심하고 퇴폐적인 곳으로 악명이 높았다. 이러한 도시의 타락이 고린도교회에도 영향을 미쳤다(고전 5:1). 바울은 2차 전도여행 때 이곳에 들러 1년 반을 머물면서 이방인들을 전도하여 고린도교회를 세웠다(행 18:1~11). 그런데 고린도 도시의 역사문화적인 배경을 갖고 교회에 들어온 이방교인들이 여러 문제들을 일으켜서 이것이 바울에게 근심거리가 되었다.

· 유기체 : 많은 부분이 일정한 목적 아래 조직되어 각 부분과 전체가 필연적 관계를 가지는 조직체

· 지체 : 사람의 팔다리를 포함하는 온 몸의 신체기관을 말한다. 성경에서는 그리스도의 몸인 교회를 이루는 성도 각 개인을 지칭하는 말로 사용되었다 (엡 5:30).

평신도 양육교재
관심갖기

분열, 교회의 아킬레스건

아래의 이야기를 읽고 질문에 대답해 봅시다.

> 독일 쾰른 시내 중심가에서 큰 레스토랑을 운영하는 교민의 이야기이다. 이분은 청년시절 한국의 보수적인 장로교회에서 신앙생활을 시작하여 세례 받을 준비를 하고 있었다. 그런데 그 교회에 문제가 생겨 분열이 일어나게 되었다. 그것은 교회 지하실에 탁구대를 설치하느냐 마느냐를 두고 교인들 사이에 다툼이 생긴 일이었다. 한쪽은 교회 청년들의 친교와 건강을 위해 좋다고 주장했고, 다른 쪽은 거룩한 주일에 무슨 탁구를 치냐며 거세게 반대했다. 이 문제가 수습되지 못하고 확대되어 결국 교회에 큰 분란이 일어났다. 이런 어처구니없는 상황을 가까이서 지켜보던 이 청년도 큰 실망과 함께 교회에 환멸을 느껴 세례 받는 것을 포기하고 교회를 떠났다.
>
> 『하나 됨의 비전』(최용준 저)중에서

1. 위의 이야기에서 교인들이 다투고 분열된 원인이 무엇입니까? 이에 대해 당신은 어떤 느낌(혹은 생각)이 드십니까?

각자의 생각을 나누어본다.

한 신학자가 "현대교회는 대중식당처럼 전락해 버렸다." 라고 진단했다. 대중식당에서 사람들은 서로에 대해 전혀 관심이 없고 그저 자기가 주문한 음식만 먹고 바로 사라지는데, 현대교회가 마치 이와 같다는 것이다. 이것은 사랑의 공동체다운 모습을 보이지 못하는 교회의 현실을 두고 하는 말이기도 하다. 교회 안에서 생기는 다툼과 분쟁은 매우 사소한 의견충돌에서 시작되는 경우가 많다. 그런데 사소한 충돌로 인해 서로의 주장을 굽히지 않고 심각한 의견대립으로 치닫게 되어 결국 주님의 몸 된 교회가 분열되는 아픔을 겪기도 한다.

2. 오늘날 교회가 안고 있는 가장 큰 문제 가운데 하나가 분열입니다. 분열과 다툼과 분쟁이 개인 혹은 교회에 어떤 영향을 끼칩니까?

개인과 교회가 온전한 영적 성장에 이르는 데에 큰 걸림돌이 된다.

교회는 다수의 사람들이 그리스도를 믿는 믿음으로 모인 공동체이며, 그리스도 안에서 하나됨을 추구하는 공동체이다. 그런데 오늘날 교회가 가지고 있는 부정적인 모습 가운데 가장 심각한 것이 바로 교회가 하나되지 못하고 서로 다투고 분열되는 것이다. 이 문제는 이미 신앙생활을 하고 있는 기독교인들에게 큰 상처와 아픔을 줄 뿐 아니라 믿지 않는 사람들을 교회로 인도하는 데 큰 장애물이 된다.

평신도 양육교재

기억하기

다양성 속의 일치

1. 고린도교회의 성도들이 나뉘고 서로 다투게 된 이유는 무엇입니까?
(고전 1:11-12)

자기에게 세례를 준 지도자만 따랐다.

희랍어로 '분열(schismata)'은 '의복이 찢어진 것'을 의미하는 말이다. 즉, 고린도교회는 누구에게서 세례를 받았는지에 따라 바울파, 아볼로파, 게파(베드로)파, 그리스도파 등으로 나뉘어 마치 옷이 갈가리 찢어지듯 찢어져서 서로 싸우고 있었다. 또한 12장에서는 교회 안에서 성도들이 갖고 있는 다양한 은사들 때문에 생겨난 다툼에 대해서 이야기하고 있다.

2. 예수 그리스도를 믿는 사람들은 어떻게 해서 한 몸이 되었습니까?
   (고전 12:13)

   한 성령으로 세례를 받았기 때문이다.

   그리스도 안에서 혈통이나 신분의 구분에 상관없이 한 몸이 되는 것은 성령이 한 분이시기 때문이다. 바울은 '성령'(프뉴마)과 '세례'(밥티스마)와 '몸'(소마)을 하나의 관계로 본다. 즉, 한 성령으로 세례를 받음으로써 그리스도의 몸, 곧 하나 된 영적 유기체가 되었다는 것이다.

3. 한 몸 안에 있는 지체들이 모두 소중하고 귀한 존재인 이유는 무엇입니까?
   (고전 12:21-24)

   1) 21절 : 쓸모 없는 지체는 없다.
   2) 22절 : 약하게 보이는 지체가 더 중요하다.
   3) 23절 : 덜 귀하게 여겨지는(아름답지 못한) 지체들을 더욱 귀한 것들로(아름다운 것을) 입혀주신다.
   4) 24절 : 하나님이 몸을 고르게 하여 부족한 지체에게 존귀를 더하신다.

   바울은 하나님께서 원하셔서 각 지체들을 세우신 것이라고 말한다. 바울은 고린도교회 안에서 일어난 차별과 분열을 극복하기 위하여 지체들 간의 일치(동고동

락)를 강조하고, 약한 지체들을 강한 지체들보다 더 귀하게 여길 것을 역설하였다. 즉 몸은 많은 지체들이 모여 하나의 유기체가 되는 것이기 때문에 그 우선순위나 중요도가 덜하다고 하여 그 존재 가치마저 없어지는 것이 아니라는 것이다. 가치기준을 어디에 두느냐에 따라 지체 상호간에 우열이나 차등이 있다고 생각될 수도 있지만, 열등하다고 간주되는 지체들을 하나님께서는 더 존귀하게 여기신다고 설명하고 있다.

4. 하나님은 그리스도의 지체들이 어떻게 지내기를 원하십니까?
  (고전 12:25-26)

몸 가운데서 분쟁이 없고 오직 여러 지체가 서로 같이하여 돌아보고, 다른 지체의 고통과 영광을 함께 나누면서 지내기를 원하신다.

본문 말씀은 몸의 각 지체들이 상호대립관계가 아니라 상호협력관계임을 보여준다. 교회의 통일성이란 이러한 상호관계 속에서 이루어지며, 성도는 하나님께서 교회를 한 몸으로 세우신 의도에 순종함으로 말미암아 교회의 참된 지체가 되어야 한다. 지체들은 공동체 의식과 공동의 감정을 가지고 있다. 교회 안의 성도들 사이에는 지체 의식이 필요하다. 한 지체가 아프면 온 몸이 아프듯이, 한 지체가 아플 때 그 아픔을 같이 나누는, 그래서 돌보아주고 섬겨주고 세워주는 지체의식이 필요한 것이다. 지체의식이 부족하면 결국 자신의 정체성도 희미해진다. 그러므로 우리는 나를 소중히 여기고 더불어 다른 지체도 소중히 여겨야 한다.

힘써 하나되자

1. 교회를 '그리스도의 몸'이라고 부르는 것은 어떤 의미를 갖습니까?
   (엡 4:16; 고전 12:26)

   교회가 유기적으로 하나인 공동 운명체라는 것을 인정하는 것이다.

   교회를 몸으로 비유하는 이유는 몸이 가지는 연합체적 특성 때문이다. 이러한 연
   합의 특성은 두 가지로 나타나는데, 하나는 유기체적 특성이요, 다른 하나는 공동
   운명체적 특성이다. 몸은 여러 가지 지체로 이루어져 있고 제각각 고유의 기능을
   하고 있다. 또한 각각의 지체가 서로 도와가며 유기적으로 움직인다. 이런 몸의 특
   성을 유기적인 특성이라 한다. 또한 지체와 지체는 각기 모양도 다르고 역할도 다
   르지만 한 몸 안에서 서로 연결되어 있다. 따라서 한 지체가 아프면 모든 지체가
   고통을 당하고, 반대로 한 지체가 영광을 얻게 되면 모든 지체가 함께 영광을 얻게
   된다. 한 몸 안에서 모든 지체가 공동 운명체인 것이다.

2. 교회의 하나됨의 근거는 무엇입니까? (엡 4:4-6)

   한 몸, 한 성령, 한 소망, 한 주님, 한 믿음, 한 세례, 한 하나님 아버지

   모든 성도들은 한 성령의 역사로 한 몸인 교회에 속한바 되었고 한 천국의 소망을
   갖고 살게 되었다(4절).
   또한 한 주님을 믿음으로 한 믿음을 갖게 되었고, 동일한 신앙고백을 통해 세례를
   받았다(5절).
   마지막으로, 한 하나님을 믿고 동일하신 하나님, 곧 만유를 지으신 그 하나님을 한
   아버지로 모시고 살게 되었다(6절).

3. 하나님은 교회가 지체(직분, 은사)의 다양성을 유지하면서도 한 목적을 위해 하나될 것을 말씀하십니다. 그 목적은 무엇입니까? (엡 4:12)

성도를 온전케 하며 봉사의 일을 하게 하며 그리스도의 몸을 세우는 것

'성도를 온전케 한다는 것'은 복음을 선포하고 가르치는 목적을 실현하며 성도들을 회복시키고 훈련시키는 것을 의미한다(고전 1:10; 살전 3:10). 또한 '봉사의 일을 하게 한다는 것'은 교회의 구성원들이 각자의 직분이나 기능을 감당할 수 있도록 '틀'을 제공하여 회복과 훈련을 통해 온전케 된 성도들이 하나 됨의 사역을 감당하도록 도와주는 것이다(벧전 2:4, 5). 마지막으로 '그리스도의 몸을 세운다는 것'은 그리스도께서 은사와 직분을 주신 궁극적인 목적으로, 성도 각자가 은사와 직분을 사용하여 교회를 성장시키고 온 성도들을 영적으로 성장시킴을 의미한다.

4. 교회공동체에서 일어날 수 있는 다툼과 분열을 막고 하나로 연합하기 위해서는 어떻게 해야 합니까? (엡 4:3)

평안의 매는 줄로 성령의 하나되게 하신 것을 힘써 지켜야 한다.

교회의 하나됨은 성령의 사역이다. 따라서 하나가 된 교회를 분리시키는 행위는 성령을 거스른 죄이다. 하나됨의 생활을 지속적으로 유지시키는 수단이 바로 '평안의 매는 줄'이다. 이러한 '평안'은 하나님께서 주신 일치가 분열되지 않도록 보호해 주는 역할을 한다. 또한 '매는 줄'은 성도들을 묶어 주는 사랑을 상징적으로 표현한 것이다. 따라서 '사랑'이 교회 공동체를 하나되게 하고, 각 지체들을 하나로 묶을 수 있다(골 3:14). 진정한 신앙의 힘은 그리스도 안에서 사랑으로 하나되는 것이다(고전 16: 14). 하나님은 여러 지체들이 그리스도의 사랑으로 하나되어 그리스도의 몸인 교회를 사랑 안에서 아름답게 세우고 자라나게 하기를 원하신다(엡 4:16). 그러나 이러한 하나됨은 인간의 힘만으로 불가능한 것이므로 성령의 도우

심을 의지하여야 한다.

5. 당신은 교회 안에서 지체들 사이에 다툼이나 갈등이 생겼을 때 어떻게 해결합니까? 또한 당신은 그리스도의 몸 된 교회의 지체로서 교회를 하나되게 하고 온전히 세워가기 위해 어떤 역할을 감당할 수 있습니까?

각자의 의견을 나누어본다.

함께읽기 갈등해소의 5가지 방법

미국의 랜돌프 로우리(L. Randolf Lowry) 박사에 의하면 사람들은 갈등해소를 위해 아래의 5가지 방법을 택한다고 한다.

① 회피

이 방법은 개인의 목표를 성취할 수 있으나 동시에 인간관계를 유지하는 것은 불가능하다. 이 유형에 속한 사람은 자신의 의견을 완강히 주장하지도, 다른 사람들을 도와주지도 않는다. 회피는 가장 적은 노력이 들지만 갈등이 가장 오래 남아 엄청난 비용을 치르게 된다.

② 적응

적응은 비록 자신의 목적을 양보해야 할지라도 인간관계를 유지하고 싶은 높은 욕구를 보인다. 적응하려는 사람은 자신이 문제를 일으켰을 때 죄책감을 느낀다. 이들은 다른 사람들에게 인정받으려는 높은 욕구 때문에 상황에 적응하여 갈등의 해법을 찾으려 한다.

③ 경쟁

경쟁은 이기느냐 지느냐 하는 갈등해소 방식이다. 인간관계를 파괴시키는 한이 있다 하더라도 개인의 목표를 성취하고자 강한 열망을 갖는 것이 그 특징이다. 이 유형의 사람은 개인의 목표를 성취하기 위해 어떤 것도 기꺼이 희생할 각오가 되어 있다.

④ 타협

이 방법을 쓰는 사람은 문제 해결을 위해서는 경쟁을 원하지만 사람들과 관계를 유지를 위해서는 기꺼이 타협하고자 한다. 이 방식은 모든 이들의 공통 이익을 위해서 개인의 욕망의 일부를 포기해야 한다고 생각한다. 타협은 각 그룹들과의 관계를 위험에 빠뜨리지 않은 채 목적 달성을 가능케 할 수 있지만, 완전히 마음이 내키지 않은 채 참는 것이므로 새로운 문제들이 숨어 있어 좌절감이나 환멸감을 느끼게 될 수 있다.

⑤ 협동

협동은 '인간관계'와 '개인의 목표'를 모두 중요시 여기는 방법이다. 갈등을 겪고 있는 적대자를 뛰어넘어 각 단체의 진정한 요구를 이해하고 모두를 만족시키는 해결책을 찾을 수 있는 창조적인 과정이다.

응답하기

애찬식 & 중보기도

그리스도의 지체로서 하나가 되는 경험을 하기 위해 애찬식과 중보기도를 실행합니다. 그리스도의 살과 피를 함께 나누는 애찬식을 함께하면서 그리스도의 몸이요 지체로서 서로에 대한 시기와 분쟁이 없이 하나가 될 것을 다짐하고, 중보기도를 통해 하나 됨을 위한 각자의 기도제목을 내놓고 함께 기도합시다.

1. 애찬식

준비물 포도 음료와 식빵(덩어리)

방법

1) 인도자가 성경 마태복음 26장 26-29절까지의 말씀을 소리내어 읽습니다.

2) 조용한 음악이 흐르는 가운데 인도자가 진행에 따라 빵과 포도 음료를 서로에게 권한 후, 떼어서 먹여줍니다. 이때 인도자는 '이 짧은 예식을 통해 우리

를 사랑하시는 예수님을 기억하자'고 하면서 애찬식의 의미를 설명해 줍니다. 그리고 참석자들은 서로 음식을 먹여 주면서 옆에 있는 지체에게 다음과 같이 고백합니다. "우리를 사랑하시는 예수님의 그 사랑을 배워 저도 ○○○를 사랑합니다."

3) 음식을 나눈 후, 자리로 돌아와 '주님의 사랑으로 우리가 하나가 되게 해 주세요.'라는 기도제목으로 묵상의 기도를 합니다.

4) 기도를 마친 후 인도자의 선창에 따라 "우리는 주 안에서 하나입니다."를 세 번 고백합니다.

2. 하나됨을 위한 중보기도

1) 각자 자리에 앉은 후 준비된 기도제목 카드에 하나됨을 위한 각자의 기도제목을 적습니다.

　　예) 모은 지체를 소중하고 귀히 여기시는 주님의 마음으로 나와 다른 지체를 바라보게 하옵소서.

　　　　내 안에 있는 자기중심적이고 이기적인 마음을 버림으로 사단의 시험에 들지 않게 하옵소서.

　　　　우리 교회가 주 안에서 하나되어 온전히 세워지는 데 제가 걸림돌이 되지 않게 하옵소서.

　　　　우리 교회가 한 마음 한 뜻이 되어 부흥하고 성장하게 하옵소서.

　　　　우리 교회를 하나되지 못하게 하는 ○○문제를 해결하여 주옵소서.

2) 각자 적은 기도제목을 돌아가면서 발표합니다. 발표 후 인도자가 기도제목 카드를 모읍니다.

3) 서로 손을 잡고 둥글게 원을 만들어 앉은 뒤, 한 사람을 원 안에 앉게 하고 인도자가 그 사람의 기도제목 카드를 다시 한 번 읽어준 뒤, 이를 위해 다함께 손을 얹어 중보기도합니다. (이 과정을 반복합니다.)

4) 모든 사람이 기도를 마치면 마지막으로 인도자가 마무리기도를 하고 마칩니다.

```
┌─────────────────────────────────────────────────────┐
│              하나됨을 위한 나의 기도제목                  │
│                                                       │
│                     이름:                              │
│                                                       │
│   1. _____      │
│                                                       │
│   2. _____      │
│                                                       │
│   3. _____      │
│                                                       │
└─────────────────────────────────────────────────────┘
```

새길말씀 외우기

너희는 그리스도의 몸이요 지체의 각 부분이라 (고전 12:27)

결단의 기도

거룩하신 하나님, 우리를 부르시어 그리스도의 몸을 이루는 지체가 되게 하심을 감사합니다. 그러나 때때로 주님의 뜻을 따르지 못하고 육신에 속하여 사람의 뜻을 따라 행했기에 시기하고 분쟁하며 하나되지 못했음을 고백합니다. 그러나 주님, 우리 모두 성령 안에서 하나되기를 원하시는 주님의 뜻을 깨닫게 하시니 감사합니다. 우리들 각자가 하나님께서 세워주신 소중한 지체임을 알게 하여 주옵소서. 또한 우리가 세우는 어떤 명분이나 주장이 십자가 앞에서는 아무것도 아님을 깨닫게 해주옵소서. 그리하여 겸손함과 진실함으로 지체들을 대하게 하시고, 서로 섬기고 사랑함으로 성도를 온전케 하고 그리스도의 몸인 교회를 세워나가는 지체들이 되게 하여 주옵소서. 예수님의 이름으로 기도합니다. 아멘.

평가항목	세부사항	그렇다	그저 그렇다	아니다
인도자의 준비도	인도자는 본 과의 교육목적을 이루기 위해 충분히 준비했습니까?			
교육목표의 성취도	학습자들이 자신의 잘못된 태도를 반성하고 올바른 지체의식을 가지고 지체를 온전케 하고 봉사의 일을 하며 교회를 바르게 세워나가는 삶을 살기로 결단했습니까?			
학습자의 참여도	학습자들이 진지하고 적극적인 태도로 성경공부에 임했습니까?			
성경공부의 분위기	성경공부를 진행하는 동안의 분위기가 자연스럽고 편안했습니까?			
기타 보완할 점	기타 보완할 점이나 건의사항이 있습니까?			

사랑을 행함으로 온전케 되는 믿음

교육주제 믿음과 행함이 일치하는 그리스도인이 되자.

배울말씀 야고보서 2장 14-26절

도울말씀 약 1:22-27, 롬 2:17-24, 마 7:26-27

새길말씀 사랑하는 자들아 우리가 서로 사랑하자 사랑은 하나님께 속한 것이니 사랑하는
자마다 하나님으로부터 나서 하나님을 알고 사랑하지 아니하는 자는 하나님을
알지 못하나니 이는 하나님은 사랑이심이라 (요일 4:7-8)

이룰 목표

① 믿음과 행함이 일치하지 않는 삶은 헛된 것이며 아무 유익이 없음을 안다.

② 행함을 통해 믿음이 증명되고 온전케 됨을 깨닫는다.

③ 세상과 구별된 삶, 사랑을 실천하는 삶을 사는 신앙인으로서 살아갈 것을 다짐하고 실천한다.

교육흐름표

20 min	20 min	40 min	40 min
관심	기억	반성	응답

교육진행표

구분	관심갖기	기억하기	반성하기	응답하기
제목	믿음 따로 행동 따로	믿음과 행함	믿음대로 행하라	"해비타트 운동"
내용	한국교회 신앙 실천이 부족하다는 기사 읽고 이유 찾아보기	행함이 없는 믿음은 죽은 믿음이다.	믿은 대로 행하는 자인지 자신을 살펴보고 그 이유를 찾아본다.	"해비타트 운동"의 도전을 통해 사랑을 실천하는 구체적인 방법 찾기
방법	신문기사 읽고 이야기하기	성경 찾아 답하기	성경 찾아 답하고 자기성찰하기	자료 읽고 실천하기
준비물	한국교회 문제점 도표	성경책 아브라함과 이삭, 라합의 믿음 그림	성경책	해비타트 운동 사진
시간	20분	20분	40분	40분

한국교회는 실로 괄목할 만하게 성장했다. 그런데 이러한 급성장이 반드시 긍정적으로만 평가될 수 있는 것은 아니다. 교회가 성숙한 모습을 보여주지 못하면서 교인수의 증가만 자랑삼는 것은 결코 바람직한 모습이 아니기 때문이다. 일부 기독교인들의 '신앙과 삶이 일치하지 않는 이중적인 모습'이 교회의 성장과 복음전파를 막는 걸림돌이 되고 있다. 이런 현실에서 야고보의 가르침이 그리스도를 믿는 성도들에게 주는 의미는 크다. 본 과에서는 행함이 없는 믿음이 얼마나 어리석은지, 그리고 삶 속에서 믿음과 일치하는 행함이 얼마나 중요한지 살펴보고 행동하는 기독교인이 되는 길을 모색해본다.

1. 행함이 없는 믿음(약 2:14-17)

야고보는 신앙에 있어서 행함이 차지하는 비중을 높이 평가했다. 그가 강조한 '행함'은 예수 그리스도를 구주로 모시고 하나님의 자녀가 된 사람들에게 당연히 따라야하는 믿음의 열매이다. 그런데 야고보 당시에는 마땅히 행할 일을 하지 않으면서 하나님을 믿는다고 자랑하는 신자가 많았다. 예루살렘 교회의 지도자 야고보가 이런 사람들의 어리석은 확신을 비판하고 있다. 야고보는 행함이 없는 믿음의 예로, 가난한 자가 부유한 자를 찾아가서 몸에 쓸 것을 구했을 때 도움은 주지 않고 공허한 '위로의 말만 늘어놓는 부유한 자를 예로 들고 있다(15-16절). '헐벗고 일용할 양식이 없는 자'에게 실제적인 도움은 주지 않고 '평안히 가라', '더웁게 하라', '배부르게 하라'는 말만 하는 것은 무의미하고 공허한 것이다. 야고보는 이와 같이 행함이 없는 믿음은 아무 유익이 없는 죽은 믿음이라고 단언한다(17절).

그런데 어떤 사람들은 야고보의 주장이 믿음으로만 구원에 이를 수 있다(롬 3:28)는 바울의 주장과 상치된다고 이해하기도 한다. 바울과 야고보의 주장이 서로 달라 보이는 이유는 저작 당시 믿음과 행함에 대한 잘못된 견해가 있었기에 그것을 바로잡기 위해 어느 한쪽을 강조했기 때문이다. 바울은 하나님의 구원이 세계로 전파될 때 믿음으로 구원받는다는 자신의 복음(롬 2:16)을 혼잡케 하는 다른 복음(갈 1:6)의 위험을 경계했다. 그는 구원 문제에 있어서 인간의 노력만으로는 불가능하고 예수 그리스도를 믿음으로만 가능하다는 것을 강조했다. 반면 야고보는 율법을 자랑하면서도 율법을 범하는 유대인의 폐습(롬 2:23)을 경계하기 위해 행함을 강조하면서, 행함이 없는 믿음은 아무 유익이 없는 죽은 믿음이라고 단언한다(17절). 즉 야고보의 의도는 진정한 믿음의 힘을 약화시키려는 것이 아니라, 내용 없이 믿음의 모양만 자랑하고 그것으로 만족하여 방탕한 생활을 하면서도 태연한 사람들의 잘못을 폭로하려는 것이다. 그러므로 믿음과 행함에 대한 두 사람의 주장은 서로 모순되는 것이 아니라 상호보충적인 것으로 보아야 한다.

2. 믿음과 행함의 관계(약 2:18-20)

본질적으로 믿음은 한 인간의 사고 전반을 지배하고 세세한 행동에까지 영향력을 미치는 의식의 큰 흐름이다. 따라서 인간의 모든 행위가 그 사람이 지니고 있는 믿음을 반영한 것이라고 볼 수 있다. 믿음이 확고하고 완전하면 인간이 굳이 애쓰지 않아도 그 믿음은 자연스럽게 행동으로 표출된다. 만약 믿음이 있는데도 믿음이 반영된 행동이 나타나지 않는다면 이것은 참된 믿음이 아니다. 참된 믿음은 가치관과 행동의 변화를 가져온다. 따라서 믿음과 행동은 따로 떼어놓고 생각할 수 없는 깊은 연관성으로 맺어져 있다. 18절의 말씀은 믿음과 행함을 분리하여 설명하는 자에게 그 믿음의 증거를 나타내 보이라는 호된 질책이다. 여기서 '행함이 없는 네 믿음'은 '행함'과 '믿음'의 분리를 시사한다. 그러나 행함은 믿음으로부터 온 열매이기 때문에 결코 분리하여 나타날 수 없으며, 단순히 입술로 고백한다고 해서 그 믿음을 입증할 수 있는 것도 아니다. 또한 위선자들이 가지고 있는 유일신 하나님에 대한 지식은 마귀들도 가지고 있는 것이다(19절). 그러나 이들이 알고 믿는 하나님에 대한 지식은 그들을 구원으로 인도하지 못하며 다만 두려워 떨게 할 뿐이다.

오늘날 많은 사람들이 아무런 내적 확신 없이 예수 그리스도에 대한 믿음

을 얘기하곤 한다. 그러나 '예수 그리스도를 믿는다'는 말은 예수님이 그리스
도임을 알고 그의 말씀을 진리로 인정하고 순종한다는 것을 포함한다. 따라
서 예수 그리스도에 대한 믿음을 온전하게 세우기 위해서는 예수 그리스도를
아는 지식뿐 아니라 예수님의 뜻대로 살고자 하는 노력이 있어야 한다. 즉 예
수 그리스도를 믿고 주로 고백했다면, 그 행함으로 자신의 믿음을 증명해야
한다. 믿음과 행위는 분리될 수 없으며, 행위를 통해 믿음이 구체화되어야 한
다. '믿음'과 '행위'의 관계를 바르게 보여주기 위해 사도 야고보는 다음과 같
이 말한다. "영이 없는 몸이 죽은 것같이, 행함이 없는 믿음도 죽은 것이니라
(약 2:26)."

3. 사랑을 행함으로 온전케 되는 믿음(약 2:21-26)

진정한 믿음은 안으로는 온전한 신앙의 인격을 만들어 하나님의 평화를 누
리게 하고, 밖으로는 믿음에 대한 행함을 나타나게 한다. 따라서 온전한 믿음
은 하나님의 부르심에 대한 응답과 순종으로 나타난다. 야고보가 아브라함과
라합이라는 두 인물의 행함을 통해 이를 설명한다. 믿음의 사람 아브라함이
그 시대 사람들에게 자신의 믿음을 보여줄 수 있는 유일한 방법은 '행위를 통
해서'였다. 그래서 하나님께서 그에게 아들 이삭을 제물로 바치라고 명령하셨
던 것이다(창22:1-2). 아브라함의 행위는 그의 구원과 아무런 관련이 없었고,
단순히 자신의 믿음에 대한 증거를 제공할 따름이다. 아브라함은 이미 하나
님을 믿었고, 하나님은 그의 믿음에 근거한 행위를 보시고 의롭다 하셨다(창
15:6). 이러한 믿음과 행위의 상관관계는 여리고의 기생 라합이 목숨을 걸고
이스라엘의 정탐꾼을 숨겨준 사건에서도 볼 수 있다(25절). 라합의 믿음도 "동
아줄을 창문에 매단" 행위를 통해 가시화 되어 의롭게 되었다(수 2:15-21).

그렇다면 믿음과 행동이 일치하는 삶이란 어떤 것인가? 그것은 첫째, 고
아, 과부와 같은 소외된 이웃을 돌아보는 사랑을 실천하는 것이며, 둘째, 거
듭난 그리스도인으로서 자기를 지켜 세속에 물들지 않은 구별된 삶을 사는 것
이다(약 1:27). 야고보는 그러한 삶을 '하나님 앞에서 정결하고 더러움이 없는

경건'이라고 표현한다. 따라서 참되고 경건한 삶은 믿음과 행함이 일치하는 삶이다. 오늘날 기독교인이라고 하면서 기독교인답게 살아가지 못하는 사람이나 말로만 구제와 사랑을 외치고 실제로는 행하지 않는 사람들이 있다. 이들이 바로 경건의 모양은 있으나 경건의 능력이 없는 사람들이다. 예수님은 "주여, 주여!라고 하는 자마다 다 천국에 들어갈 것이 아니라. 아버지의 뜻대로 행하는 자라야 들어갈 수 있다."라고 말씀하셨다. 따라서 모든 기독교인은 '믿음과 행함이 일치하는 삶'을 살아야 한다. 즉 거듭난 기독교인으로서 세상과 구별된 삶을 살 뿐 아니라 어렵고 소외된 이웃을 사랑으로 돌보는 기독교인이 되어야 한다.

믿음 따로 행동 따로

"한국교회 위기 최대 원인은 신앙실천 부족"(도표 자료)

한국기독교목회자협의회의 '2012 한국인의 종교생활과 의식 조사'에서 제주를 제외한 전국의 목회자 500명을 대상으로 별도의 개별 면접조사 등의 조사 결과, 한국교회의 가장 큰 문제점으로 신앙의 실천 부족(31.0%), 지나친 양적 성장 추구(27.6%), 목회자의 자질 부족(14.8%) 등을 꼽았다.

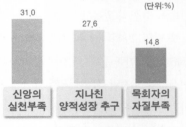

목회자들이 생각하는
한국교회의 가장 큰 문제점
(단위:%)

신앙의 실천부족	지나친 양적성장 추구	목회자의 자질부족
31.0	27.6	14.8

48.6%의 목회자가 한국교회가 신뢰를 회복하기 위해서는 교인과 교회 지도자들의 언행불일치부터 개선해야 한다고 지적했다. (후략)

2013년 1월 30일 국민일보 최승욱 기자

1. 위의 설문에서 한국 교회 위기의 원인에 대한 답으로 응답자들이 '신앙의 실천 부족'을 첫 번째로 꼽았습니다. 당신은 이 결과에 동의하십니까? 또한 이러한 '신앙의 실천 부족'으로 인해 야기되는 악영향은 무엇입니까?

   각자의 의견을 말해본다.

   믿음과 행동이 일치하지 않는 삶은 기독교인에 대해 부정적인 이미지를 낳는다. 또 복음전도의 장애물이 되어 결국 기독교의 사회적 지도력을 상실하게 한다.

2. 성도들에게서 볼 수 있는 신앙과 삶이 일치하지 않는 모습에 어떤 것들이 있습니까? 그리고 그렇게 된 이유가 무엇일까요?

   각자의 의견을 말해본다.

   신앙과 삶의 불일치는 영적으로 성숙하지 못했다는 증거다. 그것은 삶 속에서 믿음을 실천하지 않는 것과 관계된다. 정치인, 기업인, 직장인 등 이 땅의 많은 기독교인이 신앙과 일, 교회생활과 세상살이에서 불일치하는 모습을 보인다. 이것은 믿음과 행위를 별개의 것으로 생각하거나, 구원은 오직 믿음으로만 가능하다는 바울의 이신득의 사상을 잘못 받아들인 데서 온 결과이다.

평신도 양육교재
기억하기

믿음과 행함

1. 행함이 없는 믿음은 왜 죽은 믿음입니까? (약 2:14)

   행함이 없는 믿음은 아무 유익이 없고 자기를 구원할 수도 없으므로 영어에서는 믿음을 'belief'와 'faith'로 구분한다. 'belief'(믿음)는 확신, 신뢰, 의뢰함으로, 어떤 사상이나 대상을 진실한 것으로 인정하고 수용하는 마음의 태도를 말한다. 한편 'faith'(신앙)는 하나님을 위해 자신의 삶을 바꾸는 태도로, 외적인 행동까지도 포함한다. 따라서 성숙한 믿음은 내적 확신과 신뢰의 상태인 믿음(belief)에서 외적인 행동의 상태인 신앙(faith)으로 승화해 가는 것이다. 참된 신앙은 결코 관념이나 일시적으로 일어나는 정서적인 감흥이 아니다. 온전한 신앙은 앎과 삶의 일치를 온 몸으로 느끼고 체험하는 기쁨이며 삶을 변화시키는 힘이다.

2. 야고보는 행함이 없는 믿음의 예로, 가난한 자가 부유한 자를 찾아가서 도움을 청했을 때 도움은 주지 않고 공허한 '위로의 말'만 늘어놓은 부유한 자를 예로 들고 있습니다. 이들이 하는 아무 유익이 없는 세 가지 말은 무엇입니까? (약 2:15-16)

평안히 가라, 더웁게 하라, 배부르게 하라

'평안히 가라'는 유대인들이 헤어질 때 사용하는 일반적인 인사법이다(삿 18:6; 삼상 1:17; 막 5:34). 그러나 '헐벗고 일용할 양식이 없는 자'에게 이러한 인사는 무의미한 것이다. '더웁게 하라'는 '옷을 입어라'라는 의미로 스스로 옷을 따뜻하게 입을 능력이 없는 자들에게 아무 도움이 되지 않는 말이다. '배부르게 하라'는 '네가 알아서 스스로 배부르게 하라'.라는 의미로, 이 말 역시 합당치 못한 말이다.
불행한 자들의 필요를 해결해 주지 않고 앞서 언급한 세 종류의 공허한 말만 하는 것은 오히려 그들에게 깊은 상처를 주는 것이다. 충분히 도와줄 능력이 있음에도 불구하고 도와주지 않고 스스로 믿음이 있노라 하고 떠벌리는 것은 위선에 불과하다(요일 3:18).

3. 믿음을 행해서 의롭다 함을 얻은 두 사람의 예는 무엇입니까? (약 2:21-25)

1) 약 2:21-24 : 아브라함 – 아브라함이 그 아들 이삭을 제단에 드렸을 때 행함으
로 의롭다 함을 받음.

2) 약 2:25 : 라합 – 기생 라합(그림 자료)이 사자를 접대하여 다른 길로 가게 했을 때
행함으로 의롭다 함을 받음.

아브라함은 믿음의 사람이었지만, 그 시대 사람들에게 그의 믿음을 보여줄 수 있
는 유일한 방법은 자신의 '행위를 통해서'였다. 그래서 하나님께서 그에게 아들 이
삭을 희생으로 바치라고 명령하셨던 것이다(창 22:1-2). 아브라함의 행위는 그의
구원과 아무런 관련이 없었고, 단순히 자신의 믿음에 대한 증거를 제공할 따름이
다. 아브라함은 이미 하나님을 믿었고, 그것이 그에게 의로 여겨졌기 때문이다(창
15:6). 여리고의 기생 라합이 목숨을 걸고 이스라엘의 정탐꾼을 숨겨준 것도 같은
맥락이다(25절). 라합의 믿음도 그녀가 "동아줄을 창문에 매단 행위를 통해" 의롭
게 되었다(수 2:15-21).

평신도 양육교재
반성하기   **믿음대로 행하라**

1. "믿음으로 말미암아 구원을 받는다."는 사도 바울의 주장과 "행함이 없는 믿음
은 그 자체가 죽은 것이다."라는 야고보의 주장은 어떻게 이해되어야 합니까?
(롬 3:28; 약 2:26)

언뜻 보기에 바울은 믿음만을, 야고보는 행위만을 강조하여 그 주장이 다른 것으
로 오해되기 쉽다. 그러나 사실 두 사도의 견해는 원칙적으로 일치한다. 바울이
'사람이 하나님 앞에서 어떻게 의롭게 되는가' 하는 칭의의 방법을 중요시 하였다
면, 야고보는 '의롭게 된 사람들은 어떻게 살아야 하는가' 하는 칭의의 결과를 중요
하게 여긴다. 바울 사도는 율법과 복음을 대조시킨 후, 인간이 율법을 지켜서 의

롭다 함을 얻을 수 없기 때문에 예수 그리스도를 믿어야만 구원을 얻을 수 있다고 말하면서 믿음을 강조한다. 반면에 야고보는 '복음' 안에서 '믿음과 행위'를 비교하여 행함이 없는 믿음은 헛된 것이며, 예수 그리스도를 구주로 모시고 하나님의 자녀가 된 사람들로서 당연히 뒤따라야 하는 믿음의 열매로서 행함을 강조한다. 바울 사도도 믿음을 강조하면서 올바른 믿음에 선한 행위가 따라야 한다고 힘주어 교훈하고 있다(롬 2:6; 딛 3:8). 행함을 강조한 야고보도 믿음을 떠난 단순한 행위, 즉 율법의 행위로 구원받는 것을 인정하지 않고 있다(약 2:5). 두 사도는 믿음과 행함에 있어서 믿음을 구원의 조건으로, 그리고 행함을 믿음의 산물로 보는 일치된 견해를 보이고 있다. 즉, 구원은 오직 믿음으로만 얻어지는 것인데, 그 믿음은 행함으로 증명된다(롬 3:28; 약 2:26).

2. 믿음이 있노라 하고 그 믿음대로 행하지 않는 사람, 또는 말씀을 듣기만 하고 행하지 않는 사람은 자신을 속이는 사람입니다(약 1:22). 그렇다면 하나님 아버지 앞에서 온전한 믿음을 가진 사람이 실천해야 할 삶의 모습은 어떤 것입니까? (약 1:27)

어려운 이웃을 돌아보는 삶(이웃사랑), 자신을 지켜 세속에 물들지 않는 구별된 삶(성결한 삶)

온전한 믿음의 삶은 믿음과 행함이 일치하는 삶으로, 이것은 곧 정결하고 더러움이 없는 경건과 일맥상통한다. 야고보는 참된 경건에 대하여 정의하기를 첫째, 고아와 과부를 그 환난 중에 돌아보는 것이라고 말한다. 고아와 과부, 나그네 등은 가장 가난하고 소외받는 사람들을 일컫는다. 따라서 야고보는 마음의 중심이 신실하고 실제로 이웃을 사랑하고 이웃과 함께 나누고 이웃을 섬기는 일이 진정한 경건이라고 강조하고 있다. 둘째, 참된 경건은 자기를 지켜 세속에 물들지 않는 것이다. 이것은 거듭난 기독교인으로서 죄를 멀리 하고 세상과 구별된 삶을 사는 것이다.

3. 모든 사람은 오직 예수 그리스도를 믿는 믿음으로만 구원을 얻을 수 있는데, 그 믿음은 일상의 삶에서 드러나고 보여줄 수 있는 믿음이어야 합니다. 행함이 없는 믿음은 아무 유익도 없는 죽은 믿음이기 때문입니다. 그렇다면 당신은 기독교인으로서 믿음과 행동이 일치하는 삶을 살고 계십니까? 당신은 어떤 면에서 행함이 부족하고, 그 이유는 무엇입니까?

기독교인으로서 실천해야 할 것	내가 실천하지 못하는 것	이유
세속에 물들지 않는 구별된 삶		
어려운 이웃을 돌아보는 삶		

자신이 기독교인이라고 하면서 기독교인답게 살아가지 못하는 사람이나 말로만 구제와 사랑을 외치고 실제로 행하지 않는 사람은 자신을 속이는 사람이며, 경건의 모양은 있으나 경건의 능력이 없는 사람들이다. 모든 기독교인은 믿음과 행함이 일치하는 삶을 살아야 한다.

기독교인은 날로 악해져가는 세상 속에서 세상과 타협하거나 세속주의에 물든 삶에 빠지지 않고, 죄를 멀리 하고 악을 이기는 구별된 삶을 통해 죄악에 빠진 세상을 변화시키는 능력을 발휘해야 한다. 또한 가식적인 믿음이나 말로만 하는 헛된 믿음이 아닌, 사랑으로 역사하는 믿음을 가지고 이웃사랑을 실천하며 땅 끝까지 복음을 전하는 사명을 이루어야 한다.

다음 글을 읽고 주어진 질문에 답해 봅시다.

　빈곤계층을 위해 집을 짓는 해비타트 운동(Habitat for Humanity)은 기독교 정신에서 시작되었습니다. 벤처기업가로 20대 후반에 백만장자가 된 미국인 변호사 밀라드 풀러가 어느 날, 아내 린다로부터 이혼 통고를 받았습니다. "나는 돈과 결혼하지 않았어요." 그는 큰 충격을 받았습니다. 용서를 구하는 남편에게 독실한 기독교인인 아내가 부와 명예를 좇는 삶과 단절하라고 요구했습니다. 풀러도 아내를 사랑했고 가정을 지키고 싶었습니다. 그리고 부와 명예만 추구하다가 소홀히 했던 기독교인으로서의 자신의 삶에 다시 집중하고 싶었습니다. 그리하여 풀러 변호사는 1965년 전 재산을 헌납하고 봉사활동을 시작했습니다.

　어느 날, 한 기독교 공동체의 공동 농장을 방문한 풀러 부부가 해비타트 운동의 모델이 된 협동주택사업에 참여하였습니다. 이 사업은 아메리쿠스 지역의 가난한 농부들에게 집을 지어주는 프로그램이었습니다. 마침 '네 손을 가난한 형제에게 펴서 그에게 필요한 대로 쓸 것을 넉넉히 꾸어주라(신 15:7-8절)'는 말씀에서 영감을 얻은 풀러 부부는 가난한 사람들에게 집을 지어주는 프로그램을 사회 운동으로 확대하기 위해 1976년 국제 해비타트 협회를 창설했습니다. 풀러는 2001년 출간된 저서 「망치의 신학」에서 "기독교에서 망치는 예수를 십자가에 못 박은 연장이지만, 해비타트의 망치는 행동하는 선이다."라고 말했습니다.

　전 세계의 해비타트는 다음과 같은 공통된 사명(Mission)을 가지고 일을 합니다.
　첫째, 해비타트 운동을 통해 예수 그리스도의 사랑과 가르침을 나타낸다.
　둘째, 풍족한 사람과 부족한 사람들 사이에 서로 나누는 방법을 보여준다.
　셋째, 지역사회의 모든 분야를 대표하는 사람들과 협력하여 활동한다.

넷째, 가장 절박한 가정을 먼저 선정하고, 선정에 있어 아무런 차별이 없게 한다.

다섯째, 소박하고 안락한 집을 자원봉사자와 함께 저렴하게 짓는다.

여섯째, 해비타트 주택은 무이자, 비영리로 공급하고 입주가정이 갚아나가는 회전기금은 오직 또 다른 집을 짓는 데에만 사용하여 더 많은 집을 짓는다.

현재 한국을 비롯한 전세계 79개국에서 1,700여 개 지회가 해비타트 운동을 실천하고 있습니다. 이 운동이 시작된 이래로 전세계 약 100만 명 이상의 무주택자들이 가족의 보금자리를 마련했습니다. 1992년에 시작된 한국 해비타트는 회원 3,000여명 이상이 그 정신을 이어 나가고 있습니다. 한 부부의 믿음의 결단을 통한 사랑의 실천이 세계 백만 명 이상의 사람들에게 희망을 가져다 준 것입니다.

1. 해비타트 운동(사진 자료)은 기독교 신앙의 정신에서 시작되었습니다. 밀러드 풀러가 영감을 얻은 신명기 15장 7-8절의 말씀이 나에게 어떻게 다가옵니까?

각자의 이야기를 들어본다.

신명기 15장 7-8절의 말씀은 우리들에게 다음과 같은 도전을 준다.
'그동안 나의 삶만을 위해 고민해왔던 나 자신의 모습을 돌아보게 한다.' '지금 당장 내가 할 수 있는 작은 일에서부터 사랑을 실천해야겠다.' '누가 기회를 주기 전에 내가 먼저 내 손을 펴야 한다.' '할 수 있는 한 최대한 넉넉한 베풂의 삶을 사는 것이 기독교인의 바른 자세이다.' 등

1976년 국제 해비타트가 창설된 지 10여 년이 지난 1980년도 후반에 우연한 기회로 한국의 해비타트 운동의 탄생 기운이 싹트기 시작했다. 예수원 원장이었던 대천덕 신부(R. A. Torrey)가 그의 저서 『산골짜기에서 온 편지』에서 해비타트 운동

을 소개하였는데, 후에 해비타트의 실행위원장을 지내기도 했던 고왕인 박사가 이 글을 읽고 한국에도 해비타트가 필요하다고 느끼고 헌신하면서 시작된 것이다. 그리하여 1992년 1월에 성결교회 교인이자 과학기술부장관을 지낸 정근모 박사를 이사장으로 추대하여 국제 해비타트 한국운동본부가 발족되었고, 1994년에 경기도 의정부에 첫 번째 한국 해비타트 주택이 건축되었다. 1995년에 '(사)한국사랑의집짓기운동연합회'란 명칭으로 건설교통부 산하 비영리공익법인 정식 인가를 받아 본격적인 활동을 시작하였고, 이듬해인 1996년에는 필리핀에 5세대의 집을 지어 줌으로써 해외지원사업을 시작하게 되었다. (http://www.habitat.or.kr)

2. 고린도전서 13장을 읽어 봅시다. 그리고 다음의 표를 바탕으로 믿음을 실천하는 사랑의 삶에 대한 당신의 다짐을 적어 봅시다. 나아가 이를 실천하기 위한 구체적인 방법도 적어 봅시다.

	세상과 구별되기	이웃사랑 실천하기
교회에서	세상은 목소리 큰 사람이 이긴다고 하지만, 나는 항상 온유하려고 노력하겠다.	하나님을 향한 믿음뿐만 아니라 사람을 향한 사랑의 실천에도 최선을 다하겠다.
가정에서	가장 가까운 나의 식구들에게도 나는 무례히 행하지 않겠다.	나의 자녀들을 단지 내 자식이 아닌 하나님의 자녀로서 대하겠다.
사회(직장)에서	나 자신만의 유익을 위해 살지 않겠다.	일회성 기부는 물론이고 꾸준히 지속적으로 도움을 주는 활동을 하겠다.

위의 예를 바탕으로 각자의 이야기를 한 가지 이상 들어본다.

새길말씀 외우기

사랑하는 자들아 우리가 서로 사랑하자 사랑은 하나님께 속한 것이니 사랑하는 자마다 하나님으로부터 나서 하나님을 알고 사랑하지 아니하는 자는 하나님을 알지 못하나니 이는 하나님은 사랑이심이라 (요일 4:7-8)

결단의 기도

거룩하신 하나님, 영원히 죽을 수밖에 없는 죄인인 제가 예수 그리스도를 믿는 믿음으로 구원받은 하나님의 백성이 되게 하시니 감사드립니다. 그러나 때때로 주님을 믿는다고 하면서도 세상 사람과 구별된 삶을 살지 못했고, 이웃 사랑을 실천하지 못했음을 고백하오니 용서하여 주옵소서. 이제 말로만 하는 믿음의 고백이나 말로만 외치는 사랑은 아무 유익도 없는 죽은 믿음임을 깨달았습니다. 믿음을 행함으로 의롭다함을 얻었던 아브라함과 같이 저도 믿음을 행하는 기독교인으로 살아가기를 원합니다. 세상 속에서 죄악 된 삶에 물들지 않고 세상과 구별된 삶을 살며, 그 삶 속에서 소외된 이웃들에게 주님의 사랑을 베풀며 살기를 원합니다. 주님, 저의 이기적인 마음과 연약한 마음을 성령의 능력으로 덧입혀 주시고 행동하는 기독교인으로 살아가게 하여 주옵소서. 예수님의 이름으로 기도합니다. 아멘.

평가항목	세부사항	그렇다	그저 그렇다	아니다
인도자의 준비도	인도자는 본 과의 교육목적을 이루기 위해 충분히 준비했습니까?			
교육목표의 성취도	학습자들이 자신의 행함이 없는 믿음을 반성하고, 이웃을 사랑하고 세상과 구별되는 삶을 실천하는 온전한 기독교인이 될 것을 결단했습니까?			
학습자의 참여도	학습자들이 진지하고 적극적인 태도로 성경공부에 임했습니까?			
성경공부의 분위기	성경공부를 진행하는 동안의 분위기가 자연스럽고 편안했습니까?			
기타 보완할 점	기타 보완할 점이나 건의사항이 있습니까?			

MEMO

MEMO

MEMO